U0857895

mian su
面塑

丛书主编 常瑞芳
本册主编 纪敬东

山东大学出版社

图书在版编目（CIP）数据

面塑/纪敬东主编．—济南：山东大学出版社，2020.5
（家—园—社区共育儿童优秀非物质文化遗产传承系列学材/常瑞芳主编）
ISBN 978-7-5607-6543-3

Ⅰ.①面… Ⅱ.①纪… Ⅲ.①面塑—民间工艺—中国—学前教育—教学参考资料 Ⅳ.①G613.6

中国版本图书馆 CIP 数据核字（2020）第 298234 号

策划编辑：刘　彤
责任编辑：徐　翔
封面设计：牛　钧

出版发行：山东大学出版社
　　社　址　山东省济南市山大南路 20 号
　　邮　编　250100
　　电　话　市场部（0531）88363008
经　　销：新华书店
印　　刷：济南乾丰印刷有限公司
规　　格：880 毫米 ×1230 毫米　1/24
　　　　　5.75 印张　117 千字
版　　次：2020 年 5 月第 1 版
印　　次：2020 年 5 月第 1 次印刷
定　　价：42.00 元

家—园—社区共育儿童优秀非物质文化遗产传承系列学材

编委会

《面塑》编委会

序

打开这套丛书，顿觉眼前一亮，这绝非套话敷衍，而是它确确实实拨动了我的心弦。

近年来，传统文化类读物颇为兴盛，可供儿童阅读的书籍也日益丰富。与其他书籍不同的是，这套丛书优选非物质文化遗产项目，融文化普及与艺术欣赏于一体，兼有动手操作指导，知识丰富，技法清晰，妙趣横生，对于中华传统文化传承有着培土筑基的意义。

俗话说，“一方水土养一方人”。中华传统文化是在各地生活文化的多元融汇和提炼中形成的，非物质文化遗产不仅是重要表现形式，还是生活之根，包含着中华文明的思想内涵、思维方式、情感意志、审美习惯和传承机制，蕴藏着传统文化最深的根源。爱因斯坦曾说过，“使我们得以生存的东西是传统的强大的影响力”，而传统力量的发挥离不开文化的世代传承。儿童是国家和民族的未来，给他们提供优质的精神食粮，是培根正源、继往开来之举。对于儿童来说，经常诵读传统文化经典无疑是必要的，但如果能在亲自动手的过程中获得美妙体验，在潜移默化中体会祖国文化的深厚和伟大，乃至由此产生继承和发展的动力，则关乎中华传统文化传承的千秋伟业。2017年1月，中共中央办公厅、国务院办公厅印发《关于实施中华优秀传统文化传承发展工程的意见》，要求“以幼儿、小学、中学教材为重点，构建中华文化课程和教材体系”。我相信这套丛书的编撰出版，是朝向这一目标迈出的踏踏实实的一步。

儿童教育是天底下最阳光的事业。什么样的内容、哪种形式更适合孩子，本套丛书无疑是颇具价值的创新性尝试。值得一提的是，这套丛书立意“从娃娃抓起”，虽是幼儿用书，小学生同样可用，并可兼作教师教学与家长自修使用，高校学前教育专业亦可作为参考用书。更难得的是，这套丛书由一些长期致力于幼教事业的教授和一线资深教师编写，他们热爱中国传统文化，关注非遗保护传承，凭借一份强烈的社会责任感与历史使命感，数易其稿，终于凝结出这样一颗文化“珍珠”，实属不易。透过这一创举，遥想未来岁月，我感受到了校园非遗保护传承的力量，也看到了传统文化振兴的辉煌。

向他们致敬！

山东大学儒学高等研究院教授

山东省民俗学会会长

中国民俗学会副会长

国家非物质文化遗产项目评审专家

张士闪

2020年5月于济南

前面的话

中华民族传统文化的历史长河中，群星灿烂，非物质文化遗产就是其中之一。誉满全球的潍坊风筝、精美绝伦的四大名绣、寓意美好的木版年画、惟妙惟肖的传统皮影、生动传神的民间剪纸……其巧夺天工的技艺与美好深刻的寓意都让人叹为观止。星光闪耀着劳动人民的慧心、巧手和对生活的美好愿望，许多非遗作品当中也充满了有趣的故事和传说。

“只有民族的才是世界的。”的确，中华民族有如此多的文化财富，作为中华民族的一分子，我们没有理由不具有昂扬的文化自信，各级教育机构应将中华文化的传承与发展作为义不容辞的责任与神圣的使命。

本套非遗传承学材是我们在开展山东省社会科学规划研究项目——弘扬中华优秀传统文化研究专项——“教育生态学视角下幼儿园中华优秀传统文化传承研究”（15CWHJ04）中的体验和成果。我们特选取幼儿生活中常见的、适合操作学习的代表性项目——皮影、面塑、剪纸、年画、风筝和刺绣六个项目即六个分册汇集而成。

本套学材有这样几个优势与特点：

第一，科学合理的内容结构。每册内容均由“项目简介”“制作”“欣赏”三个部分组成。“项目简介”部分使成人与儿童了解到这个项目的基本知识。“制作”部分采用图文结合的方式教给小朋友具体的制作步骤与方法，对于材料和工具的选用也有详细说明，小朋友跟着书中的步骤就可以学会如何制作皮影、表演皮影，如何制作风筝、放飞风筝，如何制作面团进行创意面塑，如何绣出一朵七色花，如何印制充满民俗味道的木版年画。“欣赏”部分在前面内容的基础上又精选了丰富的有代表性的作品，通过欣赏作品，小朋友的审美品味会得以提升，有助于小朋友喜欢上非遗。

第二，制作步骤与方法全部由幼儿园小朋友来示范。这样做，小朋友使用起来会感到特别熟悉和亲切，也更加有信心学会。此外，本套书中步骤描述细致、方法具体，在文字说明、图片示范的基础上还配有示范小视频，这些都有助于小朋友快速掌握非遗作品的制作。

第三，给读者以创作的空间。有的项目比如剪纸，不只是教给小朋友怎样剪纸，剪出一个灯笼或是一只小鸡，它还给小朋友和老师、家长这些“大朋友”一些创意的启发。比如小朋友平时在阅读图画书时，可以利用这套学材中学到的方法和技巧，来制作自己的剪纸图画书或者面塑连环画。

第四，本套学材配有材料包。非遗作品的制作都要有相应的材料与工具，我们随书配备一套材料包，打开立刻就能学能做，省去了家长和小朋友自己去选、买材料的麻烦。

本套学材的使用者为教师、家长和小朋友。小朋友又包括幼儿和小学生。以幼儿园的小朋友为基础水准，只要在此基础上提高作品的难度和复杂程度，小学生自己就可以独立学习使用了。所以，这样一套有趣与易学易做的学材，既可以供教师、家长和儿童在手工操作时使用，亦可以作为普及优秀传统文化知识的图书。

“求木之长者，必固其根本；欲流之远者，必浚其泉源。”优秀传统文化在幼儿园阶段的启蒙性传承，是播种的工程，意义非凡且任重道远。能为此做一些应有的努力，我们甚感兴奋与欣慰。希望这套学材能够激发孩子们的兴趣，也能得到教师和家长的喜欢。同时借助优秀的民族文化涵养人性，并一代一代地不断传承与创新发展。

本套学材从最初简单的一本到现在的六册，映射出老师与小朋友们在体验的过程中的

积极感受，浸透着整个研发团队成员的大量心血。无数次的设计讨论与调整改进也使老师们受到了磨砺，得到了锻炼。同时，因为受到了小朋友的喜欢，老师们越做越有激情，乃至激发出很多的创意，已经超出了原有的单个非遗项目传承的边界。这里要特别感谢我们的专业顾问——各个非物质文化遗产项目传承人。他们深知自身作为传承人的使命，因此对我们的工作给予了大力的支持、帮助与指导。这令我们不仅感受到祖国优秀传统文化的精妙，同时也感受到他们的无私与尽责。他们给我们的指导绝不仅仅是技艺上的，更是人品上的。

这套非遗系列学材将来还会在内容上不断加以丰富和拓展，以期为儿童、教师、家长以及高校学前专业的学生学习使用提供更优质的资源！恳请大家在使用过程中提出宝贵意见，以便我们在后面各册的编写中能更加完善，更适合大家的需要。

常瑞芳

2020年3月

目录

第1部分 面塑简介

面塑，俗称“面花”“礼馍”“花糕”“捏面人”“蒸花馍”“窝窝花”等。小朋友们，你们知道面塑是用什么材料制作，又是怎么做成的吗？面塑是以糯米面为主料，调成不同颜色，用手和一些简单工具，塑造成各种栩栩如生的形象。面塑作为民俗节日中的馈赠、喜庆装饰、信物或标志，经过几千年的传承和经营，可谓是历史源远流长！

中国的面塑艺术早在汉代就有文字记载。小朋友们，你们知道汉代距离我们现在有多久吗？经过了几千年的传承，面塑早已是我们国家文化和民间艺术的一部分啦！在2008年，面塑还被列入第二批国家级非物质文化遗产名录。据资料显示，全国的面塑艺术主要有三大流派，包括山东菏泽的李派、北京的汤派和上海的赵派。同时，面塑也是我国民间美术中一个古老的品种，它造型多样、绚丽多彩，不仅具有造型与色彩之美，更蕴含着中华民族优良的文化传统，是劳动人民智慧的结晶。如今，面塑作为一种生命力极强的造型艺术，生长和扎根于我们的生活，成为一道独特的民俗风景线。

面塑——猪八戒

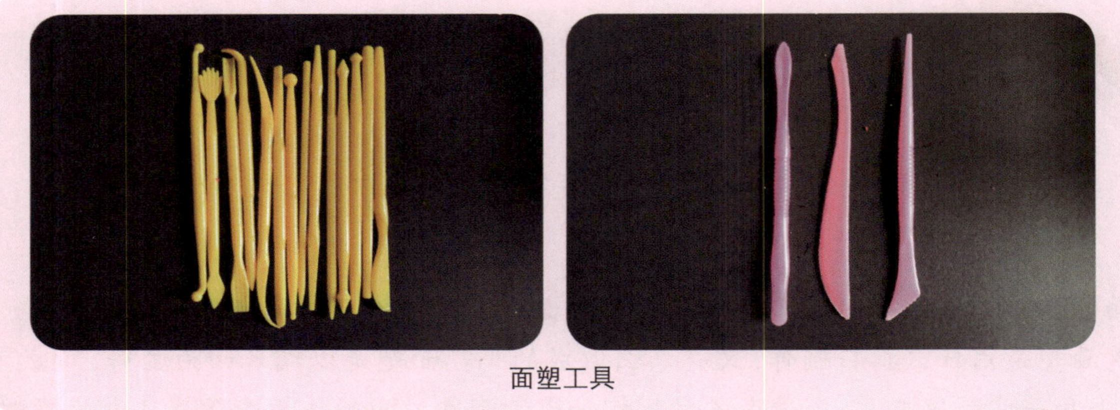

面塑工具

面塑所用的原料有面粉、糯米粉、糖、水、色素（也可以选用各种颜色的蔬果汁），用它们来调制成彩色面团，再用刀、针、耳槽、铲、钩、锥、花铲等面塑专用工具进行造型制作。

面塑的造型那可是丰富多彩、千姿百态，有传统戏剧、名著中的人物，有民间传说、神话故事、卡通故事中的人物，也有十二生肖和其他各种动物，以及现代人物等等。面塑有很多种类，如盘饰面塑、船点面塑、面馍（花馍）、棒上面塑、收藏面塑、微雕面塑等。面塑的造型精美别致，细致入微，具有很强的文化气息和观赏性，深受人们的喜爱。

面塑像是一朵在指尖上绽放的艺术之花，依靠传承人代代传承发展。像“面人汤”汤子博、“面人曹”曹仪策、“面人郎”郎绍安等等都是有名的面塑传承人。

小朋友们，你们知道吗？我们身边也有一位年轻的面塑传承人——赵日文叔叔，他是潍坊市民间文艺家协会会员、潍坊市市级非物质文化遗产代表性传承人、济南市中华文化促进会会员、山东省面塑艺术学会会员、国家文化和旅游部中华传统技艺展指定表演传承人。2008年，他创办潍坊面塑工作室，后改为非物质文化遗产面塑传习所，成为第四批潍坊市非物质文化遗产代表性传承人，他的多幅作品被博物馆和个人收藏。

潍坊市非遗传承人——赵日文

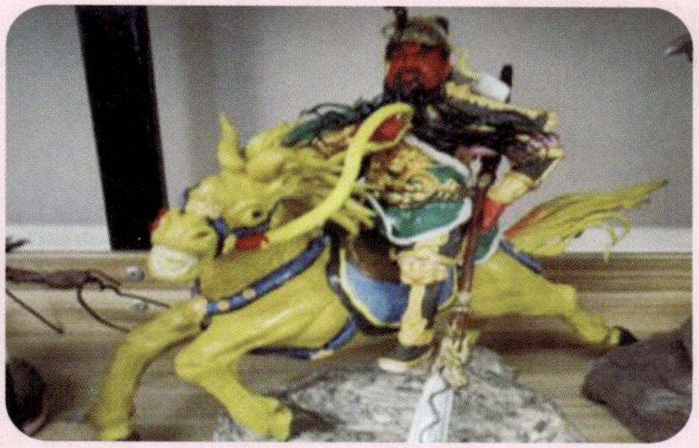

《关公》

《节节高升》

《鹅》

小朋友们，了解了关于面塑的知识，你们有没有觉得自己喜欢上了面塑？下面跟我们一起来学习面塑制作吧！

第2部分 面塑制作

一、面塑制作的基本技法

小朋友们都知道面塑作品种类特别多，有活泼的娃娃、可爱的动物、逼真的花朵等等，你们知道怎样做出漂亮的面塑作品吗？面塑以面粉为主料，调成不同色彩，和成面团，用手和简单工具，对面团进行盘、捏、搓、揉、团，用工具灵巧地点、切、刻、划等，就可以塑造出各种栩栩如生的作品了。

1.盘面

两手拿捏，将面盘软。（参见小视频1——盘面）

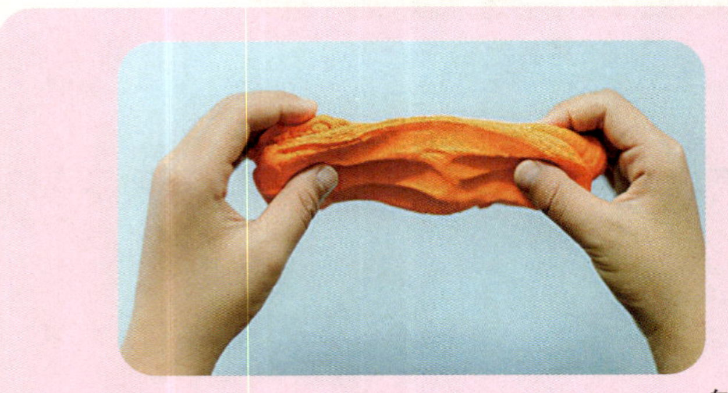

盘 面

2.团球

双手团面，直至面团光滑没有纹络。（参见小视频2——团球）

团　球

3.搓水滴形

将圆球一头搓细捏尖，像水滴的样子。（参见小视频3——搓水滴形）

搓水滴形

4.搓条

左手平放绷紧，右手垂直搓条，均匀用力，手指渐分。（参见小视频4——搓条）

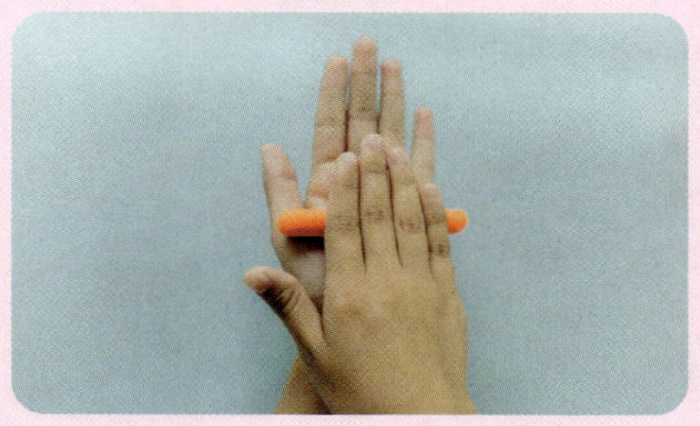

搓　条

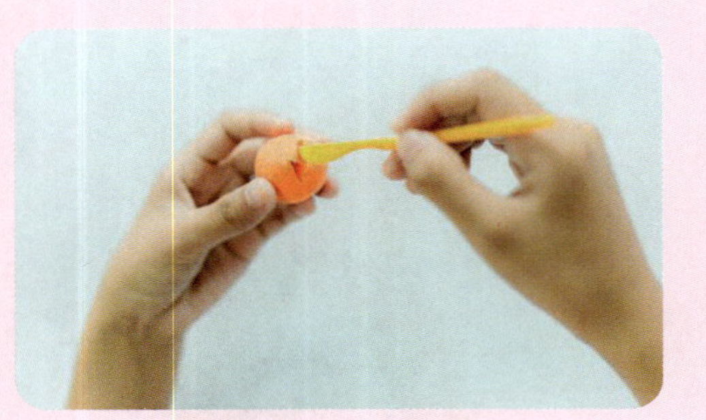

挑 刺

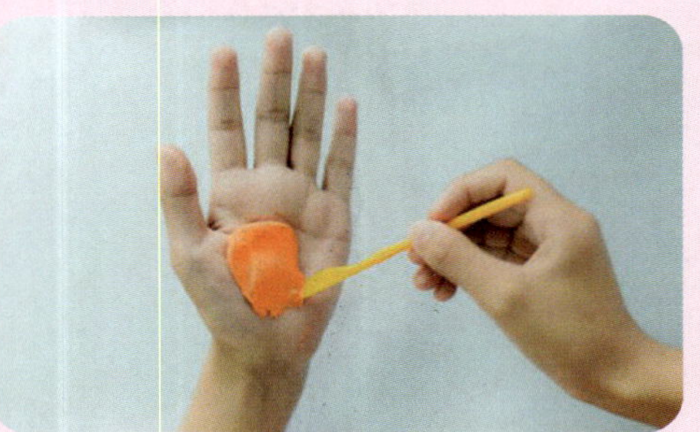

拨 花

滚 珠

5.挑刺

刀尖向斜前方，找准位置，浅扎下去，轻挑上来，如：制作黄瓜身体的毛刺。（参见小视频5——挑刺）

6.拨花

彩面团球压扁置于掌根，用小斜刀将面抿薄，用直刀尖拨花，从左向右，从上向下。（参见小视频6——拨花）

7.滚珠

将面搓条，放到手掌心或桌面，用梳子滚压成串珠。（参见小视频7——滚珠）

8.小花条

将不同彩面搓成纺锤形，组合成大纺锤，单向搓成彩条。（参见小视频8——花条制作）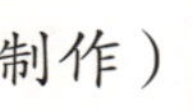 

纺锤体

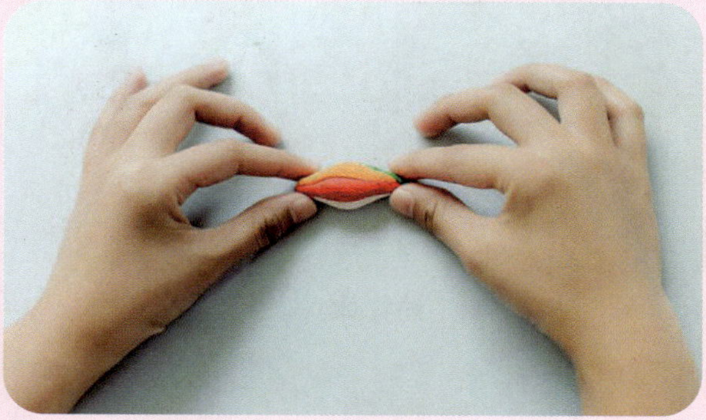

纺锤体组合

搓花条

9.大花条

方法同上。大纺锤中间加入其他颜色纺锤形面团，五种颜色以上为大花条。

纺锤体

纺锤体组合

搓花条

10.点形润色

将一彩面团球，中心摁扁，用塑料刀从面中心拨一深窝，面可透光而不破。将另一彩面团球，用力压在窝中，将之包紧，捏出润色效果。（参见小视频9——点形润色）

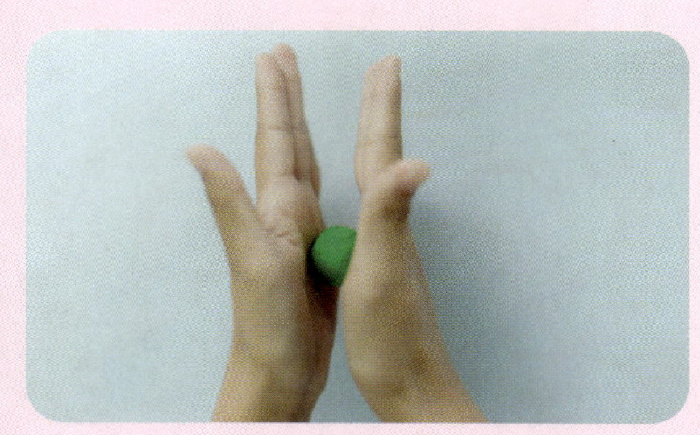

团　球

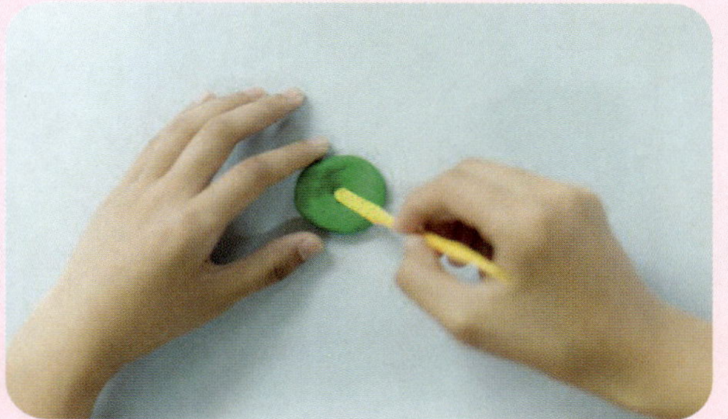

拨　窝

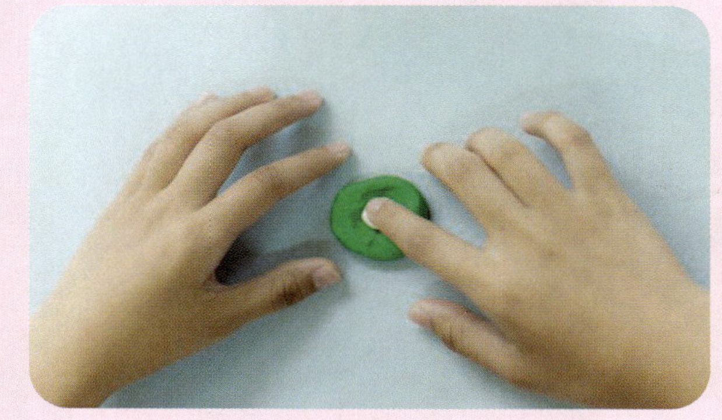

放团球

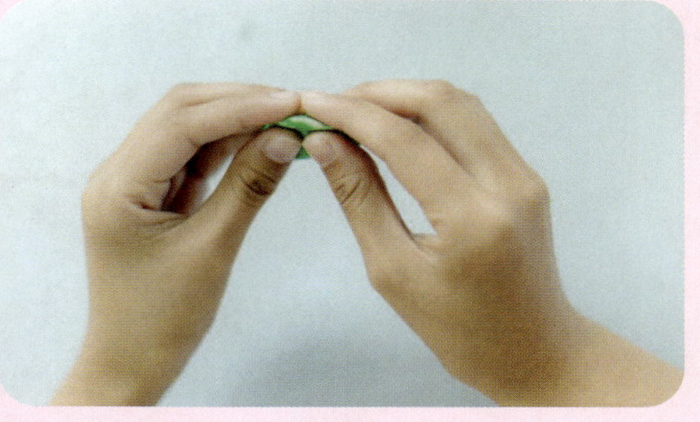

润　色

11.线形润色

方法与点形润色大致相同，将彩面团球、搓条、压扁，拨一深槽进行润色。（参见小视频10——线形润色）

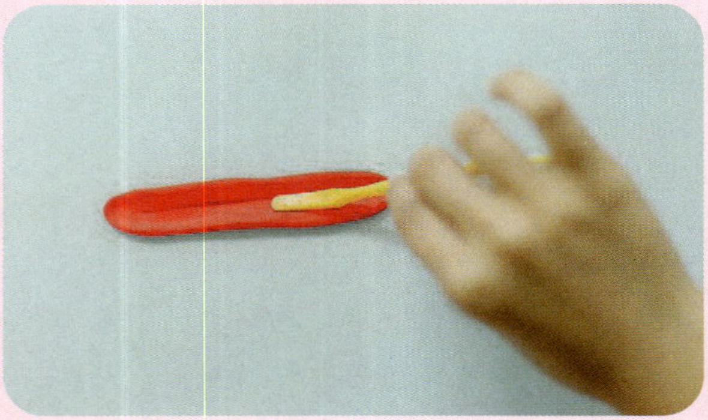

拨深槽

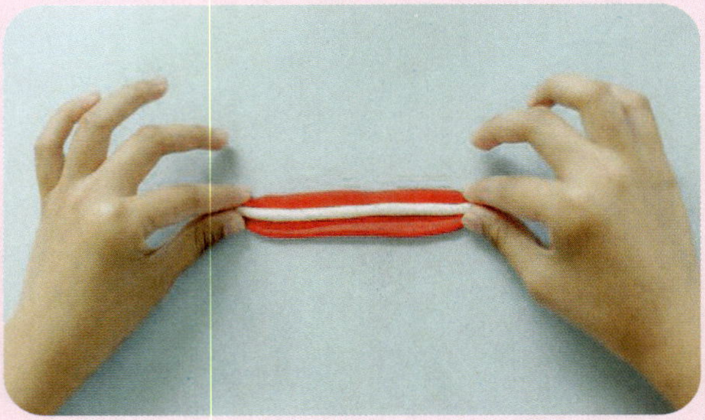

放长条

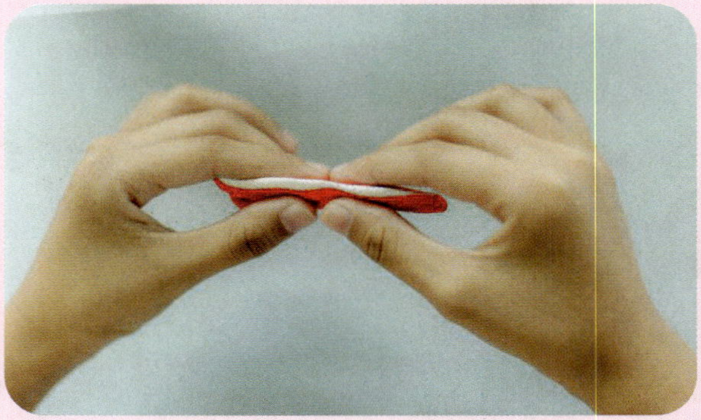

捏条润色

二、各年龄班的面塑制作

（一）小班面塑制作

我们选了一些小班小朋友容易捏制的面塑品种，有水果、蔬菜、卡通小动物等，小朋友可以跟着学习制作，也可以再找一些自己喜欢的东西来捏制。

葡　萄

葡萄是小朋友非常熟悉的水果，甜甜的好吃又有营养，小朋友们都喜欢吃葡萄吧！在做葡萄的时候，可以请大人和面，小朋友要把大的面团分成小的面团，还要团一团、压一压，拿塑料刀刻划出叶脉，可以欣赏和品尝自己做的葡萄，还可以用它做游戏。

面粉约100克，糯米粉约40克，白砂糖和水适量，食用色素（紫色、绿色），垫板，塑料刻刀。

制作材料

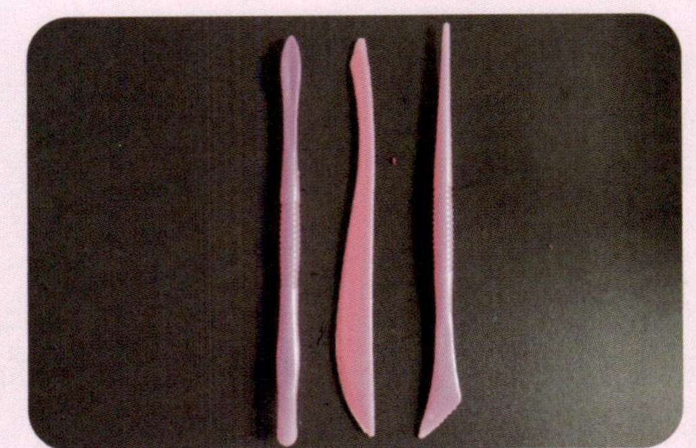
塑料刻刀

制作彩色面团：将面粉和糯米粉掺和到一起，加入适量水搅匀，将面揉制光滑，放入烤盘静置5小时，上锅蒸半小时后放至温热，加入白砂糖揉匀，再分别加入适量紫色、绿色色素揉匀，制成紫色和绿色面团。

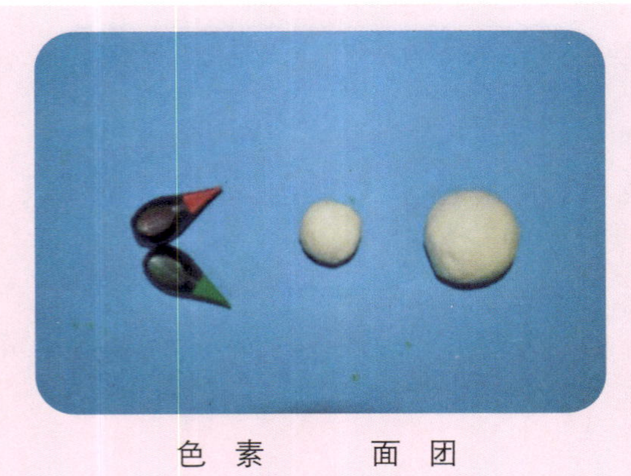
色　素　　　面　团

色　素　　　彩色面团

步骤一：取拳头大的紫色面团，分成15份，逐份团成像葡萄粒大的圆球。

揉粗条

团　球

步骤二：把团好的紫色面球逐个依次组合在一起，做成葡萄串。

团球组合

组合成型

步骤三：取鸡蛋大的绿色面团，分成11份，逐份团成球，再将一端捏细，做成水滴形，压扁、压薄；将压好的水滴形取5片拼到一起，用塑料刻刀划出叶脉，做成一片葡萄叶，另一片叶子同样做法。

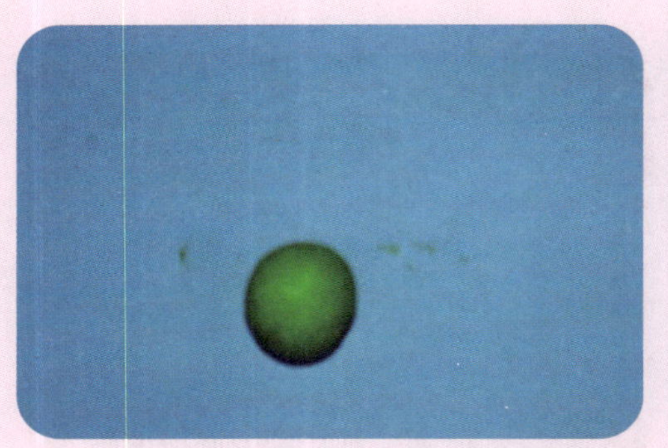

面　球

水滴形面团

按压水滴形面团

叶子组合

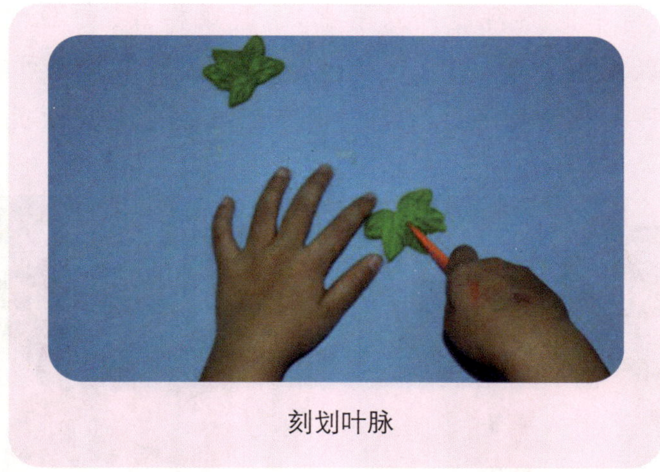

刻划叶脉

步骤四:将组合好的叶子黏结在葡萄串上,一串葡萄就做好了。

成品《葡萄》

补充说明：面塑材料用的颜料还可以用水果、蔬菜榨汁，葡萄叶子的颜料可以用菠菜榨汁，葡萄粒的颜料可以用紫甘蓝榨汁，这样做出来的面塑作品都可以食用。另外，小朋友还可以再动动小脑筋想一想，葡萄除了紫色的还有什么颜色的？然后把它们做出来。

摘葡萄

品 尝

角色游戏

辣　椒

辣椒是生活中常见的蔬菜，形状、颜色多种多样。小朋友，你都见过什么样子的辣椒？如果是一整串的红辣椒会很漂亮。在制作的时候，可以请大人和面，小朋友要把大的面团分成小的面团，还要团一团、搓一搓、压一压。完成作品之后，小朋友可以品尝自己做的辣椒，还可以用它做装饰品。

材料与工具

面粉约100克，糯米粉约40克，白砂糖和水适量，食用色素（红色、绿色），垫板，塑料刻刀，塑料针。

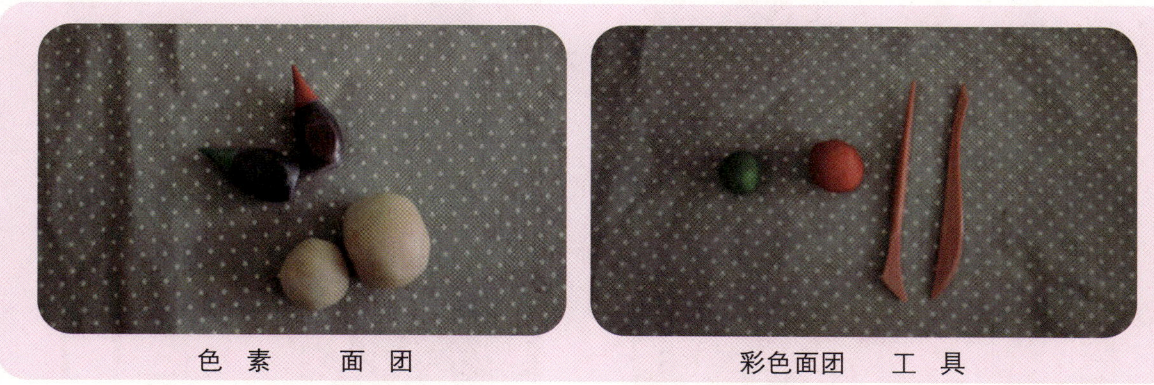

色　素　　面　团　　　　彩色面团　　工　具

制作彩色面团：将面粉和糯米粉掺和到一起，加入适量水搅匀，将面揉制光滑，放入烤盘静置5小时，上锅蒸半小时后放至温热，加入白砂糖揉匀，再分别加入适量紫色、绿色色素揉匀，制成红色和绿色面团。

步骤一：取红色面团，揉圆并搓成长而尖的水滴形，做辣椒的身体。

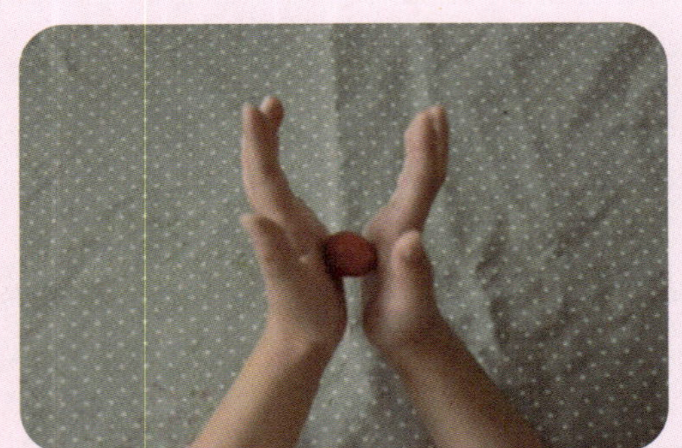
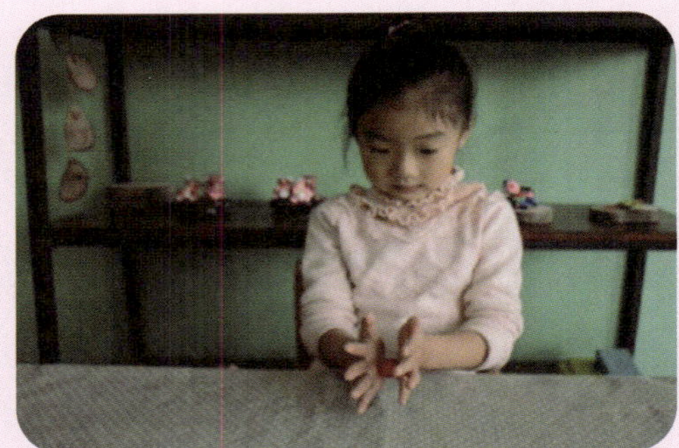

团 球

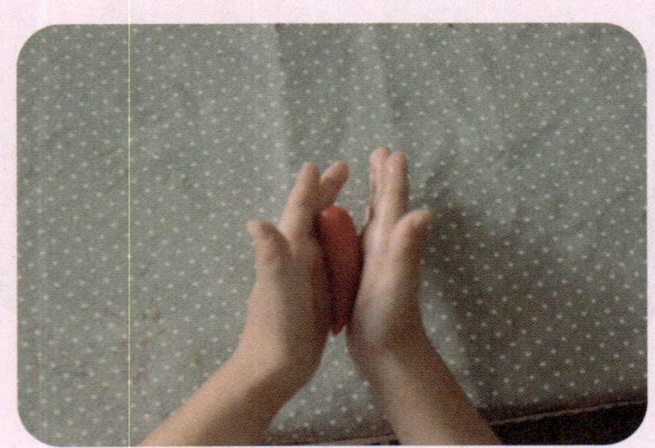

搓成水滴形

步骤二：取绿色面团，平均分成两份，其中一份团成球并按压成扁平状，做辣椒蒂。

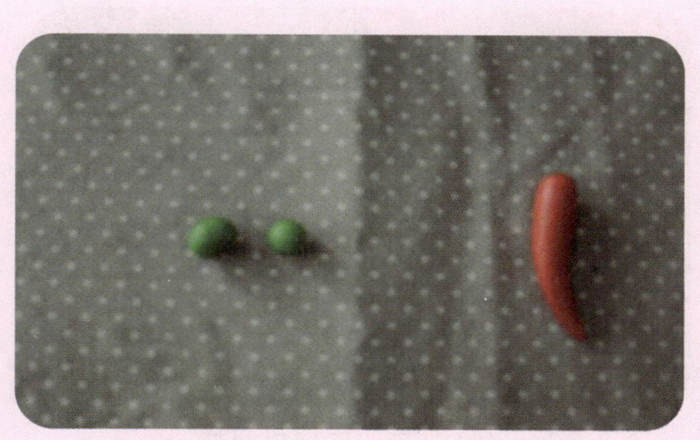

球　形　　　　　　水滴形

按　压

步骤三：将余下的一份绿色面团，搓成水滴形。

水滴形面团及塑料刻刀

步骤四：用刻刀在水滴形上自上而下轻压四刀，压出纹路做辣椒的柄。

做 柄

步骤五：用塑料针将辣椒身体、蒂和柄进行黏结，一个小红辣椒就做好了。

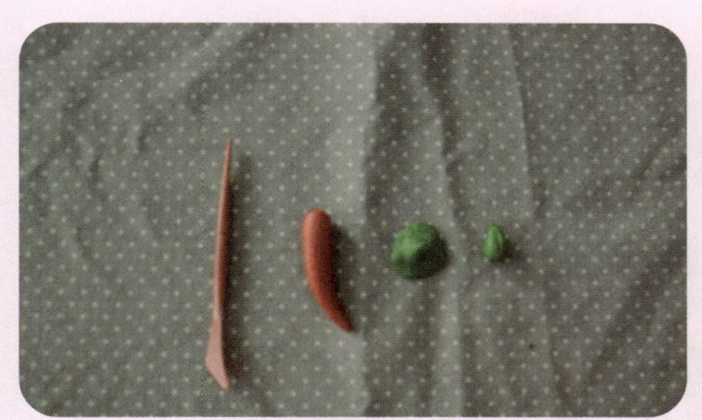

塑料针　长水滴形　蒂　柄

黏　结

用塑料针压实

压　实

成品《辣椒》

补充说明：面塑用的颜料还可以用水果、蔬菜榨汁，辣椒蒂的颜料可以用菠菜榨汁，辣椒身体的颜料可以用胡萝卜榨汁（还可以制作成其他颜色的辣椒，如：将南瓜蒸熟加入面里，制作成黄色辣椒等），这样做出来的面塑作品可以食用。

小朋友还可以再动动小脑筋想一想，辣椒还有什么颜色？什么样子的？然后把它们做出来。我们可以将辣椒用线串起来，想想挂在家里哪个位置更漂亮呢？和妈妈一起试一试吧。

南　瓜

香香甜甜的南瓜，无论是颜色还是味道，都是小朋友的最爱。在生活中有很多食物都是用南瓜汁做的，如南瓜小馒头、南瓜饼等。现在请小朋友和我们一起团一团、搓一搓、压一压、刻一刻，做一个小南瓜吧！

面粉约100克，糯米粉约40克，适量白砂糖和水，食用色素（橙色、绿色），垫板，塑料针，塑料刻刀。

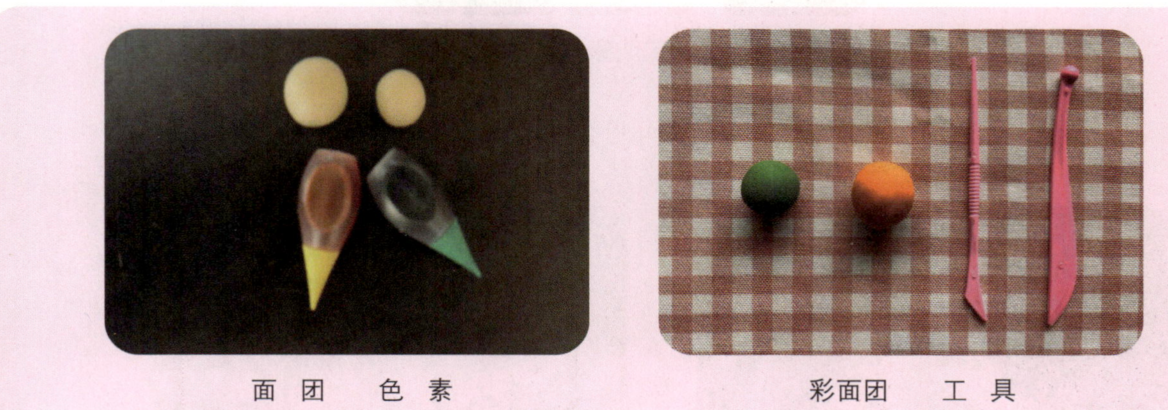

面团　色素　　　彩面团　工具

制作彩色面团：将面粉和糯米粉掺和到一起，加入适量水搅匀，将面揉制光滑，放入烤盘静置5小时，上锅蒸半小时后放至温热，加入白砂糖揉匀，再分别加入适量橙色、绿色色素揉匀，制成橙色和绿色面团。

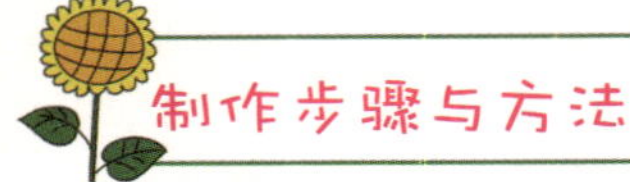

步骤一：取橙色面团，团成球。

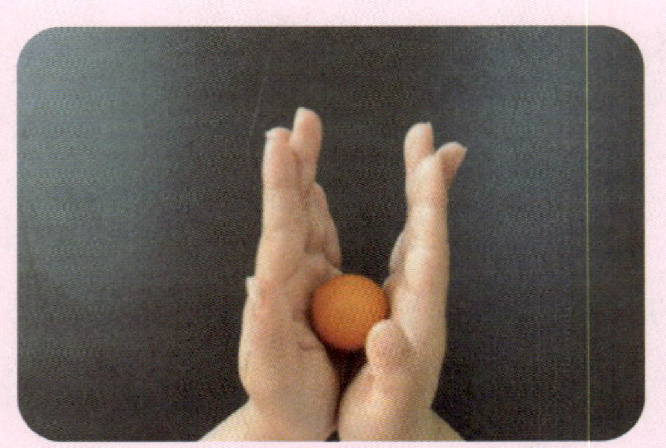

团成球

步骤二：用拇指和食指捏住圆球，向中间用力将圆球压成扁圆。

捏扁圆

定　型

步骤三：取刻刀由上到下按压，刻划出五至六条纹路，做南瓜的身体。

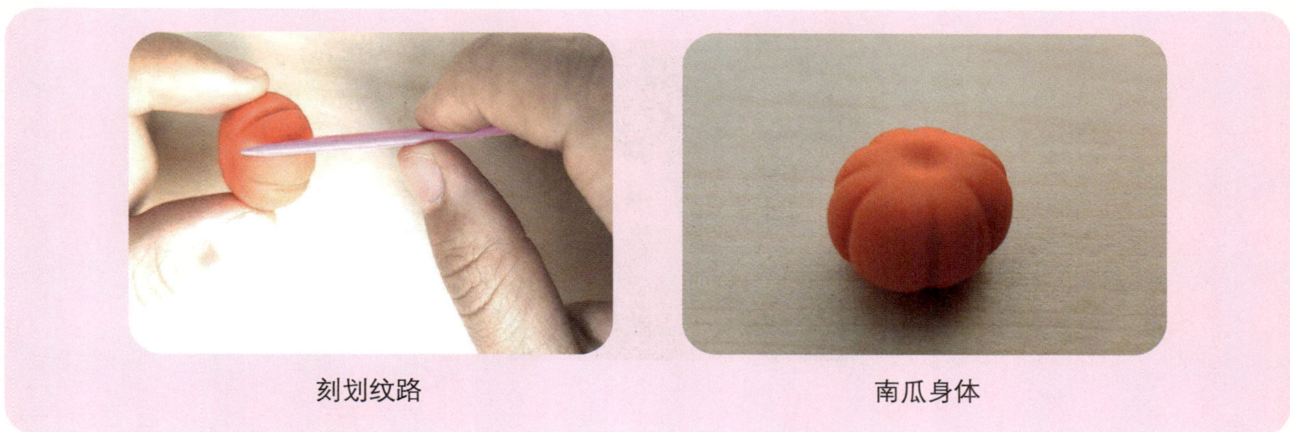

刻划纹路　　　南瓜身体

步骤四：取绿色面团平均分成两份，将其中一份团成球并压扁呈片状，做南瓜的蒂。

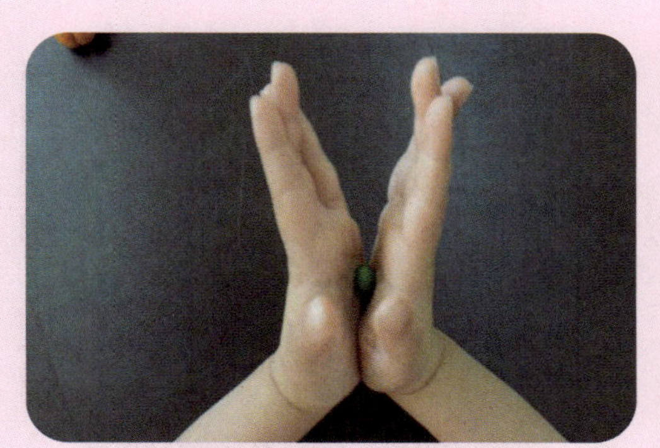

团　球

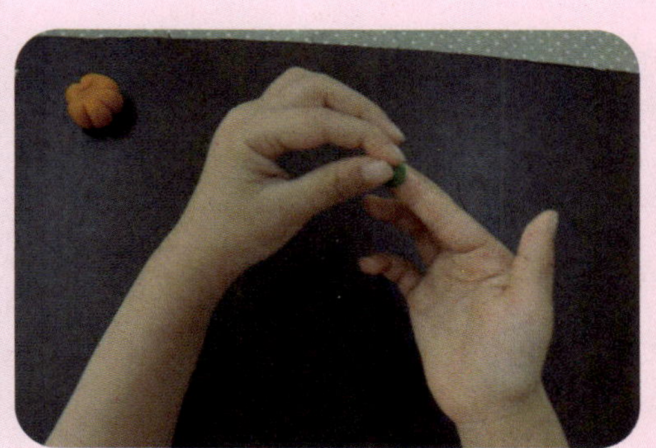

捏瓜蒂

步骤五：将另一份绿色的面团搓成粗水滴形，用刻刀在水滴形上按压，刻划出四至五条纹路，做成南瓜的柄。

做瓜柄

步骤六：用塑料针将南瓜的身体、蒂和柄进行组合。南瓜就做好了。

组合粘贴

压　实

成品展示

成品《南瓜》

超市游戏——买南瓜

补充说明：小朋友可以把做好的南瓜放到小超市里进行买卖游戏。

盘　饰

面塑是造型多变的一种艺术形式。换一种方式,可以在团一团、搓一搓、摆一摆的过程中把盘子装扮得更漂亮、更独特。小朋友们可以在盘饰制作的过程中感受面团的不同变化。

面粉约100克,糯米粉约40克,适量白砂糖和水,食用色素(蓝色、白色),塑料刻刀,塑料针,纸盘。

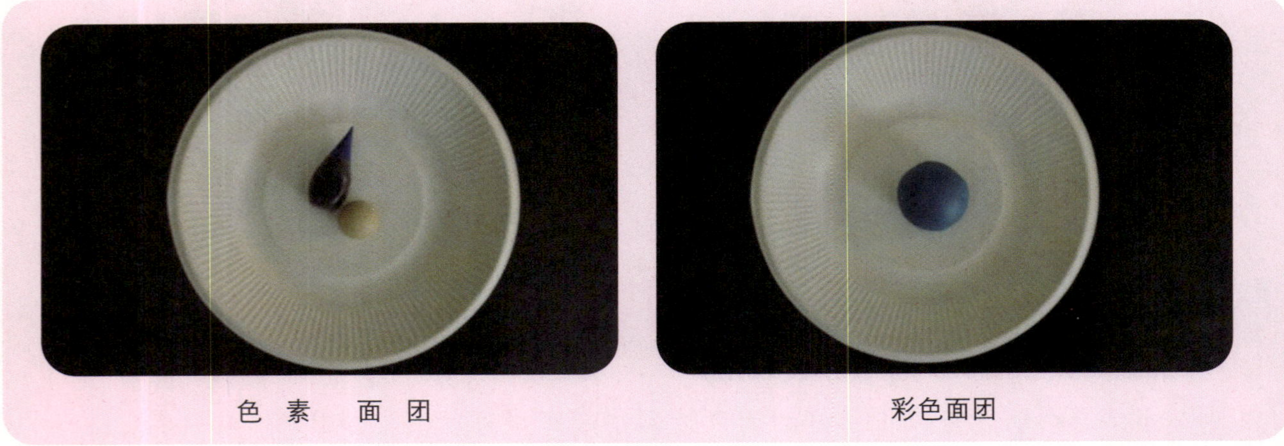

色素　面团　　　　彩色面团

制作彩色面团:将面粉和糯米粉掺和到一起,加入适量水搅匀,将面揉制光滑,放入烤盘静置5小时,上锅蒸半小时后放至温热,加入白砂糖揉匀,再分别加入适量蓝色、白色色素揉匀,制成蓝色、白色面团。

步骤一：取蓝色面团将其平均分成13份。

分面团

步骤二：12份全部搓成长条备用。

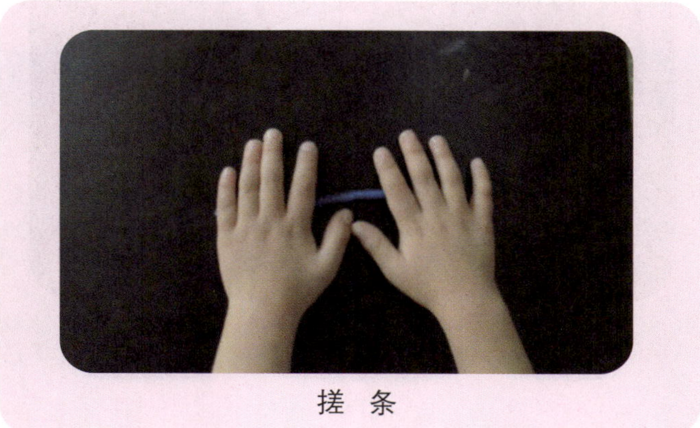

搓　条

步骤三：余下一份团成球，压扁备用。

团 球

按 压

步骤四：取白色盘子一个，取两份长条沿盘底轮廓围成大圈。

围 圈

步骤五：取扁圆形面饼放到盘子中间做太阳。

放扁圆形面饼

步骤六：将一份长条分成10段，拼摆在“太阳”的周围组成“光芒”。

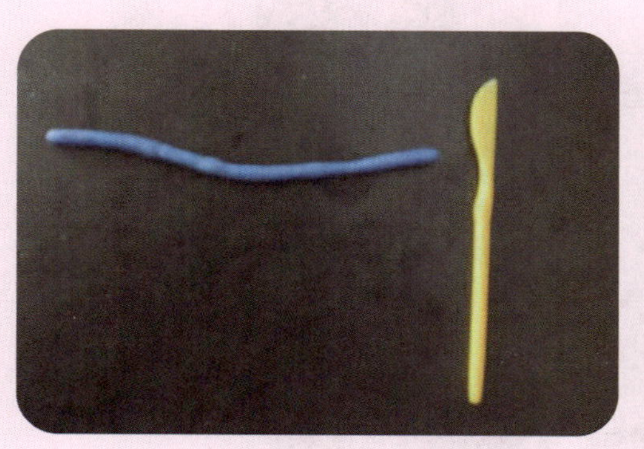
长 条　　　刻 刀

分 段

半成品

装 饰

步骤七：取蓝色长条8份，盘出“S”形图案，分别沿蓝色大圆圈摆放好。

拼摆图案

步骤八：取白色面团平均分成16份。

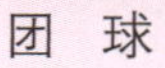

团　球

分　段

步骤九：将分好的白色面团团成球，放在盘好的S形两头卷起的中心点上，做装饰。

团　球

装　饰

步骤十：将余下的一份蓝色长条切成若干份。

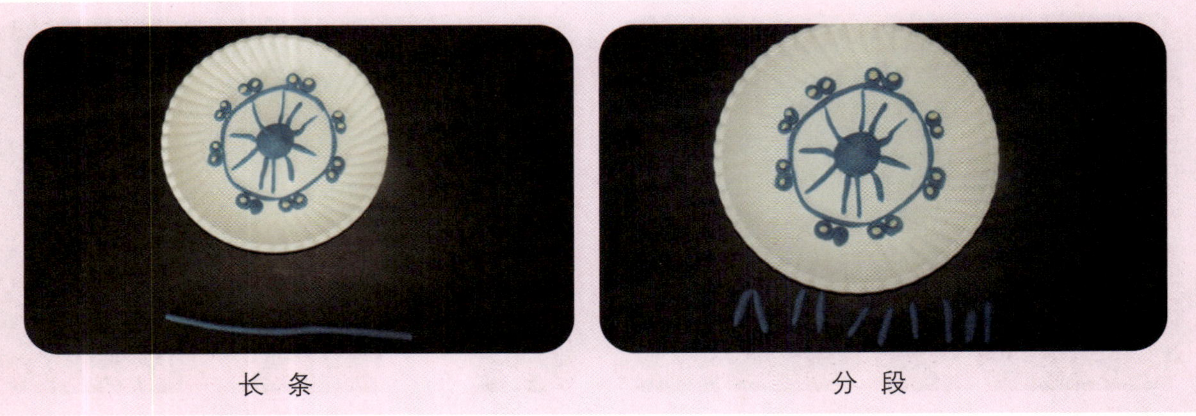

长　条　　　　分　段

步骤十一：将分好的蓝色长条团成球或者搓成长条，摆放在盘子边缘做装饰，图案根据个人喜好选定。作品完成了，像不像青花瓷？

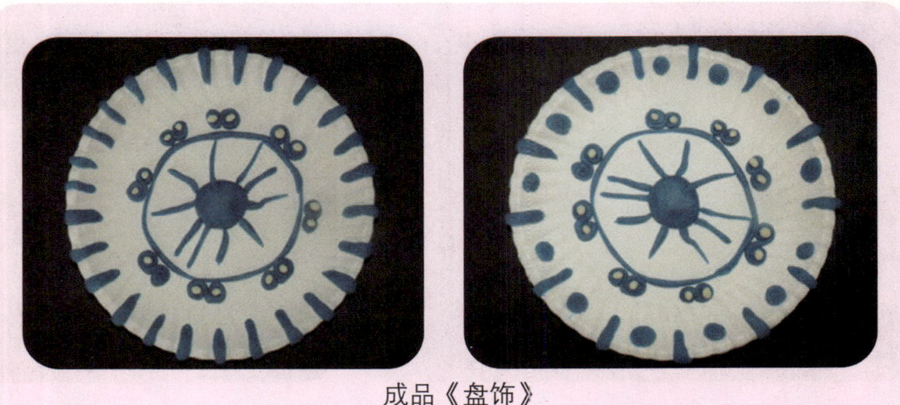

成品《盘饰》

补充说明：面塑用的颜色可以选用自己喜欢的颜色进行创作，盘饰的花纹和形象也可以是多种多样的，小朋友将自己喜欢的线条、形象在盘子里进行装饰就可以了。不仅如此，小朋友们还可以对花瓶、相框等好多物品进行装饰。

（二）中班面塑制作

我们选了一些适合中班小朋友捏制的面塑品种，有花馍、老虎、船点、花篮等，小朋友可以学着做，也可以再找一些自己喜欢的物品来捏制。

花　馍

面馍源自西北农村，多数用发面和干果来做成，后来传到全国多地，在过节时或家里有喜事的时候制作。一个普通的面馍，经过花、草、动物的装饰后，就变成漂亮的花馍了。大家一起来动手做做吧！

面粉约100克，糯米粉约40克，白砂糖和水适量，食用色素（棕色、红色、黄色），塑料刻刀，塑料针，垫板，馍一个。

制作材料

工　具　色　素　面　团

制作彩色面团：将面粉和糯米粉掺和到一起，加入适量水搅匀，将面揉制光滑，放入烤盘静置5小时，上锅蒸半小时后放至温热，加入白砂糖揉匀，再分别加入适量棕色、红色、黄色色素揉匀，制成棕色、红色和黄色面团。

工　具　　彩色面团

制作步骤与方法

步骤一：取棕色面团，搓成长条，在长条顶端分成三叉，根据自己的想法创作出树的造型。

团　球

塑出树形

步骤二：用刻刀在树干上进行刻划，刻画出树的皮纹，然后放到面馍上进行黏结。

刻划树干纹路

黏结树干

步骤三：将树黏结在馍上后进一步塑型。

塑 型

步骤四：取一黄豆粒大小的红色面团，搓成细长条。

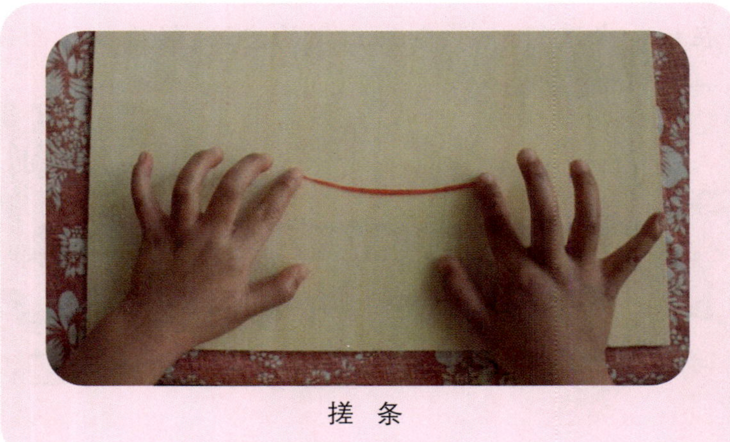

搓 条

步骤五：将搓好的红色长条进行均匀分份，分成小米粒大小若干份，逐个按扁做成梅花的花瓣。

分　份　　　　按　压

步骤六：用塑料针将5个花瓣拼在一起组成梅花，可以多做几朵。

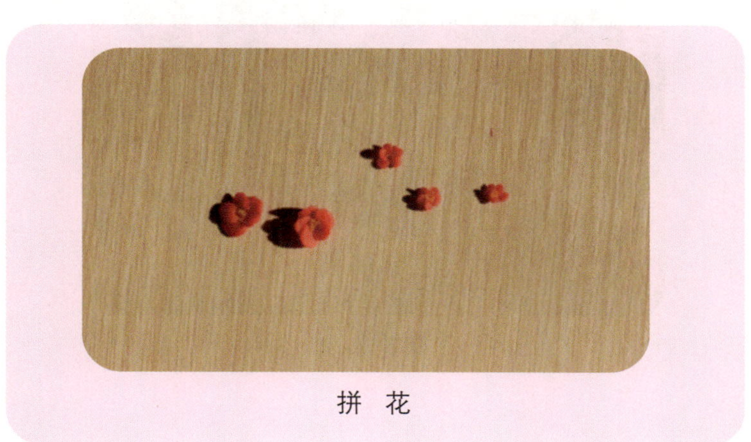

拼　花

步骤七：将组合好的梅花，黏结到树枝上，分布在不同的位置。

黏结梅花

步骤八：取一块黄豆粒大小的黄色面团，搓成长条，放在食指位置，用塑料刻刀从黄色长条上向下拨面，拨成碎末状做花蕊。

拨花蕊

步骤九：用刻刀尖挑起拨下的碎泥，放到梅花的花瓣中间，做花蕊，每朵花中都要放花蕊。

粘贴花蕊

成品《花馍》

补充说明：面塑用的颜料还可以用水果、蔬菜榨汁，像面塑花馍，用到的红色就可以用石榴籽榨汁，黄色用南瓜或胡萝卜蒸熟加入原色面团中就可以了。花馍上可以塑飞禽走兽、花草鱼虫等各种图案，也可以将生活中的物品用面捏出装饰到馍上。

船点面塑

船点面塑最初是苏州、扬州的船娘们用面捏制的造型多样、小巧玲珑的小动物和果品，作为船宴的小吃给游客品尝，以烘托船宴气氛。后来发展成单纯的欣赏品——看盘，出现在高档宴席上，来烘托宴会气氛，提高宴会品位。下面我们来制作一个“金鱼荷叶”的船点面塑。

面粉约200克，糯米粉约80克，白砂糖和水适量，食用色素(红色、绿色、黑色、白色)，塑料刻刀，塑料针，垫板，瓷盘一个。

制作材料　　　　工　具

制作彩色面团：在面粉和糯米粉中加入适量水搅匀，将面揉制光滑，放入烤盘静置5小时，上锅蒸半小时后放至温热，加入白砂糖揉匀，再加入适量色素，制成彩色面团。

彩色面团

金鱼制作步骤与方法

步骤一：取红色面团分成七份，其中五份为黄豆大小，两份为蛋黄大小，将面团分别搓成胖水滴形。

搓长水滴形

步骤二：取其中一个搓好的蛋黄大小的水滴形面团，在侧面用拇指和食指捏出金鱼的鳍，用塑料刻刀压出纹理，做金鱼的身体。

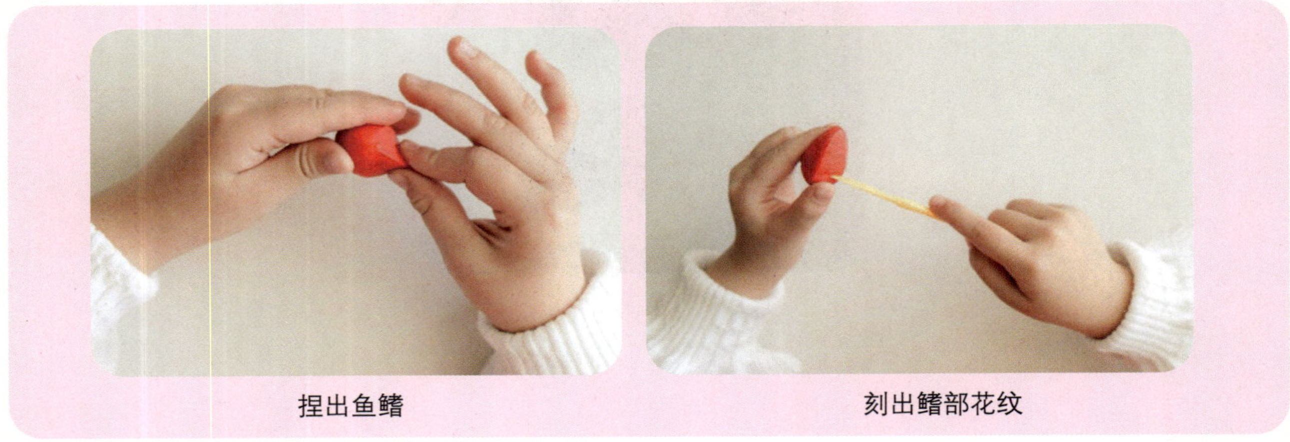

捏出鱼鳍　　刻出鳍部花纹

步骤三：取另一个搓好的蛋黄大小的水滴形面团，将胖的一头用手掌按压，压扁压薄做鱼尾。

按压出尾部

步骤四：用刻刀在按压部位切割四下。

切割尾部

步骤五：将切割后的尾条，用食指和拇指竖向捏扁，依次摆好造型，做好金鱼的尾巴。

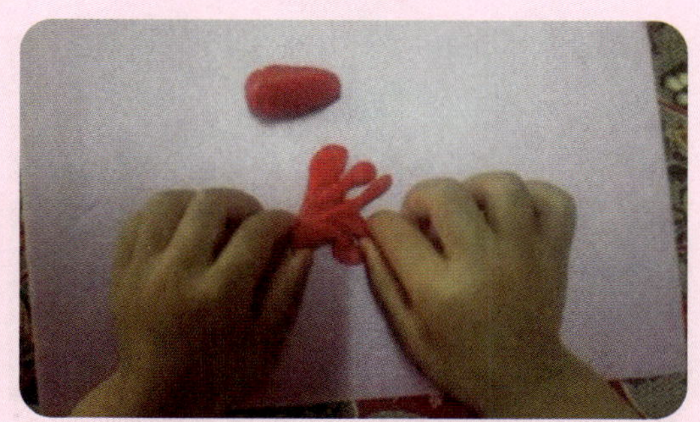

塑　形

步骤六：将四份黄豆粒大小的红色水滴形面团依次按扁，用刻刀划出条纹做金鱼的侧鳍。

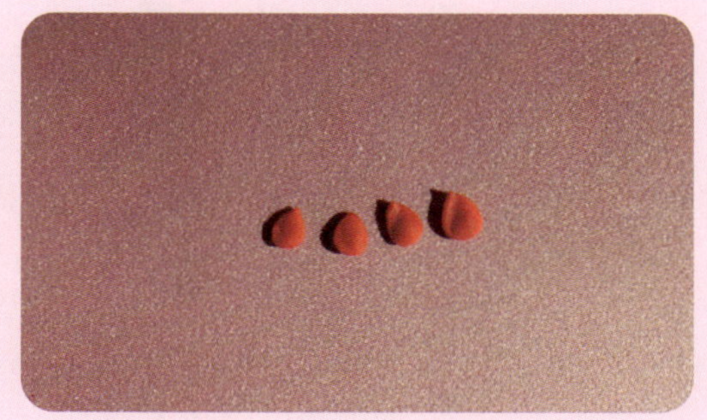

侧　鳍

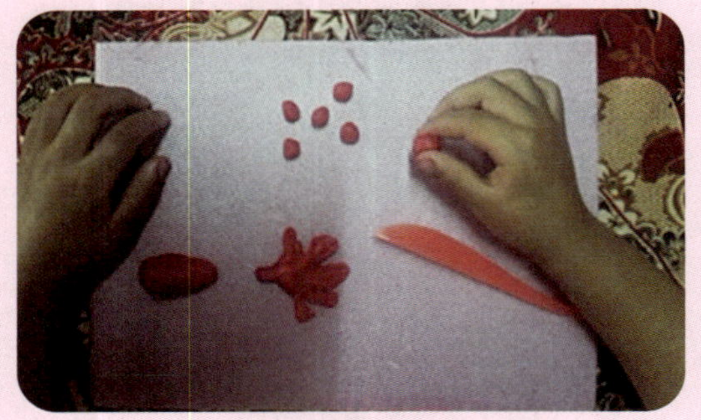
头冠定型

步骤七：取余下的一份红色水滴形面团，用塑料针在胖头处扎孔，做金鱼的头冠。

组合身体

步骤八：将身体、尾部、侧鳍、头冠进行粘贴组合，金鱼的雏形完成。

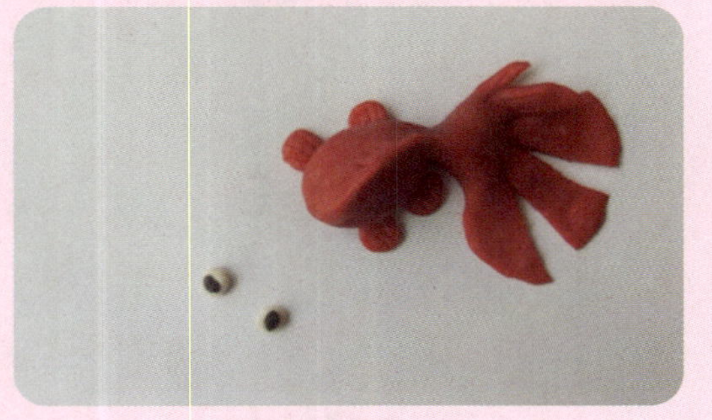
制作眼睛

步骤九：取绿豆粒大小的白色面团分成两份，团成球形后按扁，做金鱼的眼白；黑色面团分成两份，团成球形后做金鱼的眼珠，将白色、黑色球进行组合黏结，金鱼的眼睛就完成了。

步骤十：将眼睛黏结到金鱼的头部，用塑料耳槽在眼睛下方向里按压出金鱼的嘴巴，金鱼完成。

黏结眼睛

成品《金鱼》

荷叶制作步骤与方法

步骤一：取绿色面团分成相等4份，取其中3份搓成球，压扁、压薄做荷叶。

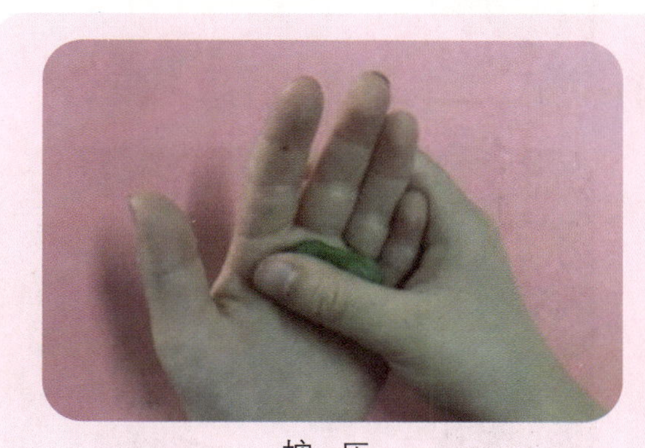
按　压

刻划叶脉

步骤二：用刻刀划出叶脉。

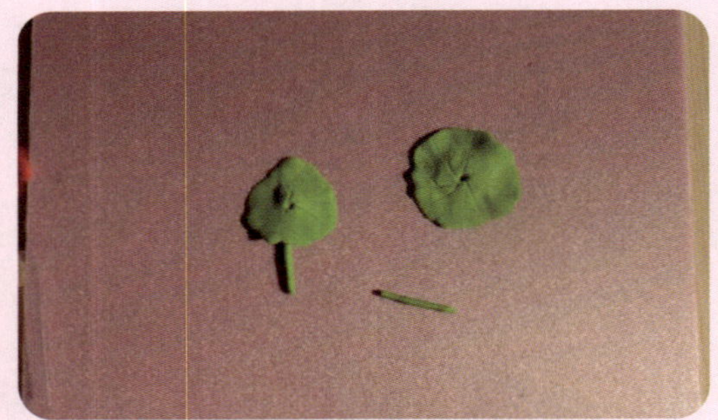

制作荷叶柄

步骤三：将余下的一份绿色面团搓成长条，做荷叶柄。

成品《船点面塑》

步骤四：将金鱼和荷叶在瓷盘上进行黏结，摆出造型，作品完成。

补充说明：船点面塑有多种类型，里面的装饰物可以换成陆地的动物或者是空中的飞禽，不过用到的物品和颜色不同，需要小朋友们根据自己的爱好来尝试。船饰一般是带情景的小故事，这样会更生动一些，小朋友们可以选择自己喜欢的故事内容进行创作，制作完成后可以彼此分享、交流故事内容。

花　篮

花篮可以装满花，还可以装什么呢？因为小朋友对吃的东西比较感兴趣，所以，我们将花篮中的花换成了各种水果、蔬菜，中班的小朋友可以运用团、搓、刻、编等方法来制作。

面粉约200克，糯米粉约80克，适量白砂糖和水，食用色素（棕色），塑料刻刀，操作板，已制作好的水果、蔬菜。

制作材料

工具与部分果蔬成品

制作彩色面团：在面粉和糯米粉中加入适量水搅匀，将面揉制光滑，放入烤盘静置5小时，上锅蒸半小时后放至温热，加入白砂糖揉匀，再加入适量棕色色素，制成棕色面团。

面 团　　色 素

彩色面团

制作步骤与方法

步骤一：取棕色面团一块，将其分成相同大小的16份，逐块搓成长条备用。

分面团

搓 条

步骤二：将搓好的8根长条纵向摆好。

编　条

步骤三：从剩余的长条中取一根长条，横向摆放到8根纵向长条顶部，隔一条压一条，上下交叉进行编织。

编　织

步骤四：将步骤三中被压的纵向长条逐条向上翻，再另取一根长条，横向并排摆放到第一根横条的下面，把上翻的纵条向下归位。

隔根向上翻

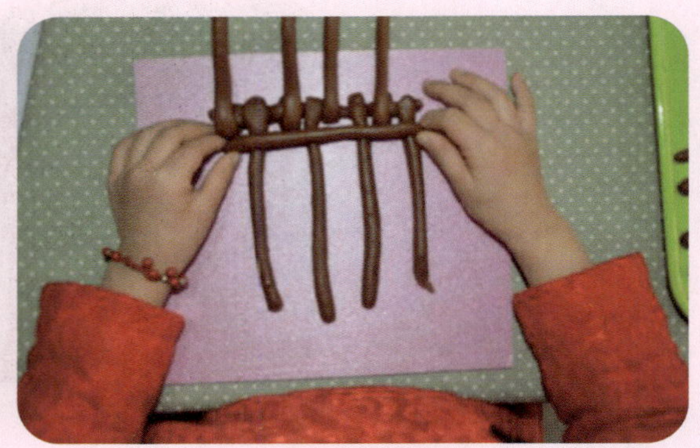

放横条

步骤五：余下的长条按照步骤四依次摆放进行编织，直至最后一根长条编织完毕。

编 织

塑 形

步骤六：编织完成后，用塑料刻刀进行周边的切割修整，花篮篮身完成。

切　边

步骤七：另取鸡蛋大小的棕色面团，分成相同大小的两份并搓成长条，将两根长条横向并排放在一起，左手按着长条左端不动，右手向自己的方向搓长条，将长条拧成麻花状做花蓝的把手。

面　团

搓拧把手

步骤八：将制作完成的花篮把手和花篮进行黏结。

黏结把手

步骤九：取制作好的水果、蔬菜，放在花篮中，作品完成。

果蔬制作

拼摆果蔬

成品《花篮》

补充说明：花篮里的水果蔬菜可以将其他小朋友制作完成的一起放入，也可以在区域游戏时按自己的喜好单独完成。编织花篮时的编条要粗细均匀，这样做出的花篮才美观。

老　虎

在一些地区的春节习俗中，长辈要给小朋友赠送玩具“小老虎”，寓意健康、强壮、勇敢。小老虎天真、稚气，就像小朋友一样可爱。红色和黄色是北方传统文化中喜庆和吉祥的颜色，节日里小朋友都喜欢拿着自己的小老虎一起游戏。现在，我们来制作一只面塑小老虎吧！

面粉约200克，糯米粉约40克，适量白砂糖和水，食用色素（红色、黄色、黑色、白色、绿色），塑料刻刀，塑料针，操作板。

制作材料

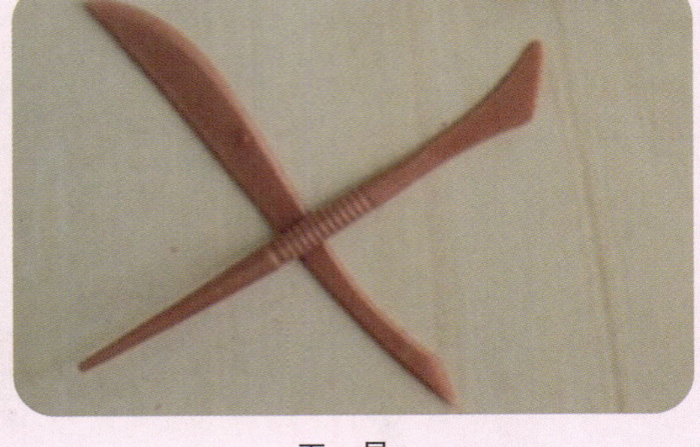
工 具

制作彩色面团：在面粉和糯米粉中加入适量水搅匀，将面揉制光滑，放入烤盘静置5小时，上锅蒸半小时后放至温热，加入白砂糖揉匀，再加入适量红色、黄色、白色、绿色、黑色色素，制成如图所示比例的大小的红色、黄色、白色、绿色、黑色面团。

面 团 色 素

彩色面团 工 具

头部制作步骤与方法

步骤一：取红色面团，团成球，做老虎的头。

面　团

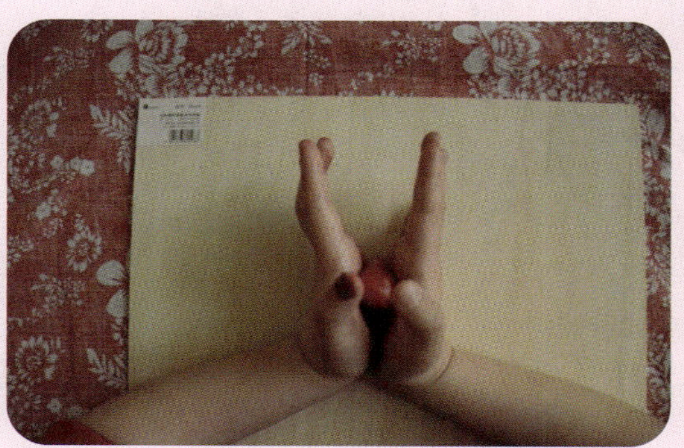

团　球

步骤二：取红色、黄色、绿色面团，各分成两份，全部搓成水滴形，压扁备用。

面　团

水滴形面团

步骤三：取搓好的水滴形红、黄、绿色面团各一个，合在一起，做成老虎的一只耳朵。

按　压

步骤四：做另一只耳朵，做法同步骤三。

步骤五：用塑料针在每只耳朵中间的位置向下按压出凹状，老虎的耳朵完成，备用。

按压凹槽

步骤六：取白色面团分成三份，取其中两份团成球，压扁压薄。

面团分份 按压

步骤七：取余下的一份白色面团分成两大、四小，全部团成圆形，压扁压薄。

分 份

步骤八：取黑色面团，分成两份，团成球，压扁、压薄，将大的白色球上面各放一黑色球，黑色球上面各放一大两小白色球，这样就做好了小老虎的眼睛。

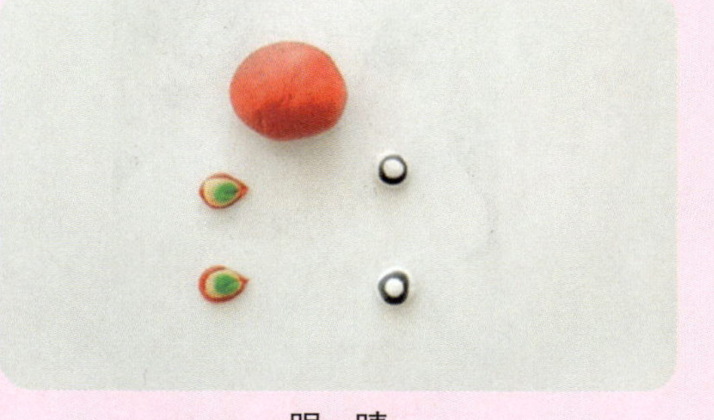

眼 睛

步骤九：取绿色、黄色面团，将绿色面团搓成胖水滴形并压扁，将黄色面团搓成长条，分成三段，在绿色的水滴形上用黄色长条组一个“土”字，做老虎的鼻子。

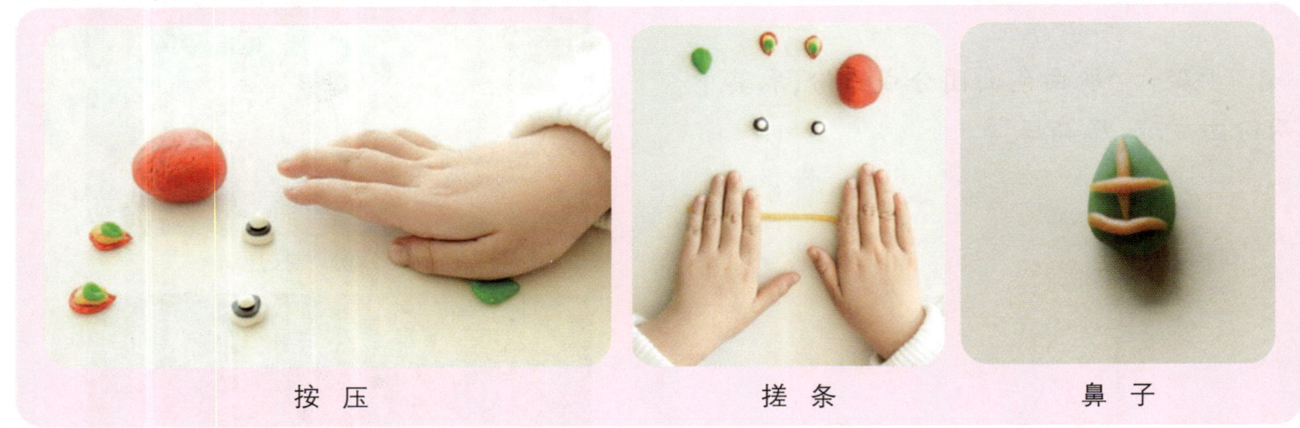
按 压　　搓 条　　鼻 子

步骤十：取黑色、白色面团，将黑色面团搓成长条，压扁备用，将白色面团分成相等的八份，全部搓成球，压扁，将白色小球排列在黑色长条上，黏结，做老虎的嘴巴、牙齿。

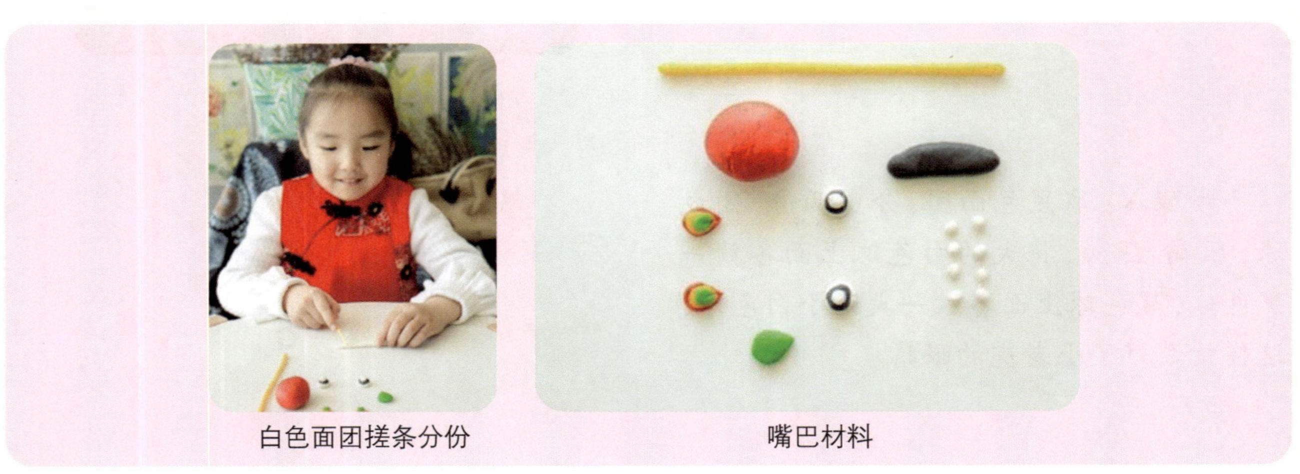
白色面团搓条分份　　嘴巴材料

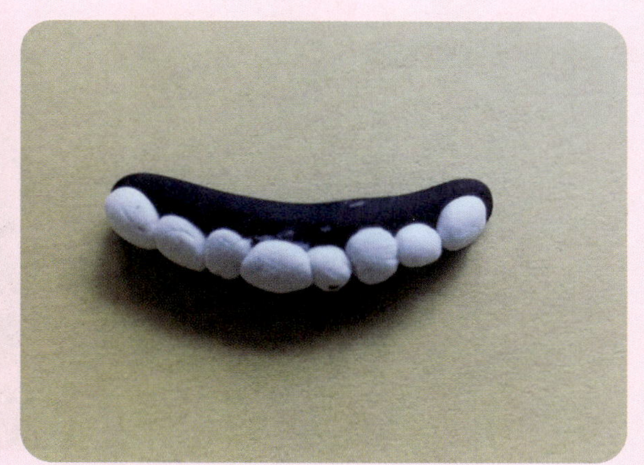

嘴巴制作

步骤十一：将眼睛、鼻子、耳朵黏结在老虎的头部。

组合头部

步骤十二：粘上嘴巴，再取黄色面团搓成长条，压扁，分成四段，在老虎的头顶部组成一个“王”字，老虎头部完成。

头部组合完成

身体制作步骤与方法

步骤一：取红色面团，搓成胖胖的水滴形，做老虎的身体备用。

搓身体

步骤二：取红色面团分成四份，搓成水滴形，做老虎的腿。

搓　腿

步骤三：将腿与身体黏结。

黏　结

步骤四：将老虎的头部、老虎的尾部与老虎的身体黏结。

身体黏结

尾部黏结

步骤五：取红色、黑色面团，将红色面团搓成胖水滴形，做老虎尾巴。取黑色面团搓成长条，与红色水滴形面团的尖部黏结，做尾部花纹。老虎尾巴完成。

搓 条

步骤六：取黄色面团搓成长条，盘出花朵形状。

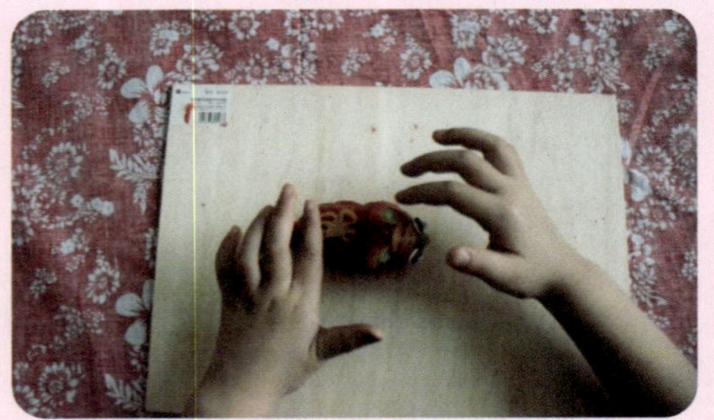
黏结花纹

步骤七：将黄色花朵黏结在老虎的背部，进行装饰。

步骤八：用刻刀在老虎的脚部刻划出虎爪外形。

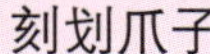
刻划爪子

成品《面老虎》

补充说明：制作老虎的步骤比较繁琐，一只老虎的制作要分为头和身体两步进行。小朋友在制作时要注意面部的表情和五官的比例，动作形态在操作熟练后可以进行自主创作。

（三）大班面塑制作

大班小朋友可以制作更复杂的棒上面塑。常见的棒上面塑是在竹签或铁丝环上做一些深受大家喜爱的动物或者卡通人物形象，就是我们俗称的“捏面人”，因其可以挑着玩耍，所以深受大家的喜爱。《西游记》中精彩的情节、鲜活的角色深深吸引着小朋友，所以我们选了《西游记》中的唐僧师徒来捏制。请小朋友们跟着我们一起来学习棒上面塑。

猪八戒吃西瓜

猪八戒是师徒四人中最懒、最贪吃的，它丑丑的面容、笨拙的动作，让小朋友们都忍不住捧腹大笑。现在我们试试做一个滑稽、贪吃的猪八戒。

面粉约200克，糯米粉约80克，适量白砂糖和水，食用色素（黑色、粉色、黄色、蓝色、绿色、白色、红色、灰色），塑料刻刀，塑料耳槽，竹签，牙签，操作板。

制作材料　　　　工　具

制作彩色面团：在面粉和糯米粉中加入适量水搅匀，将面揉制光滑，放入烤盘静置5小时，上锅蒸半小时后放至温热，加入白砂糖揉匀，再加入红色、黄色、蓝色、黑色、粉色、绿色、灰色色素，制成红色、黄色、蓝色、黑色、粉色、绿色、灰色的面团。大班的小朋友可以自己学习制作面团了。

倒入面粉和面

放入蒸盘

加　糖

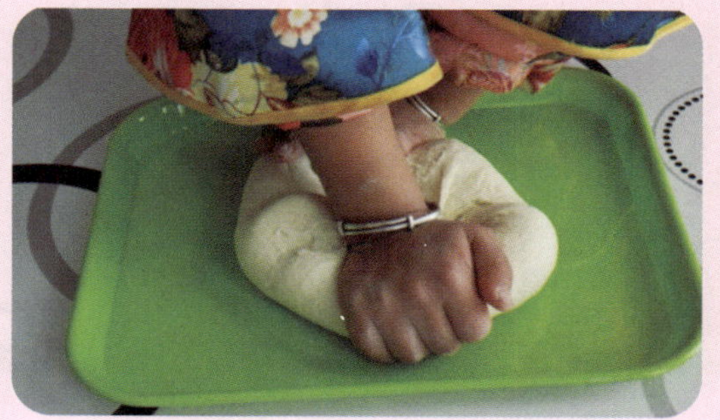

揉　面

彩色面团

猪八戒头部制作步骤与方法

步骤一：取一块约鸡蛋大小的粉色面团，团成球，之后用手掌轻轻按压成扁圆形，做猪八戒的头部。

面 团

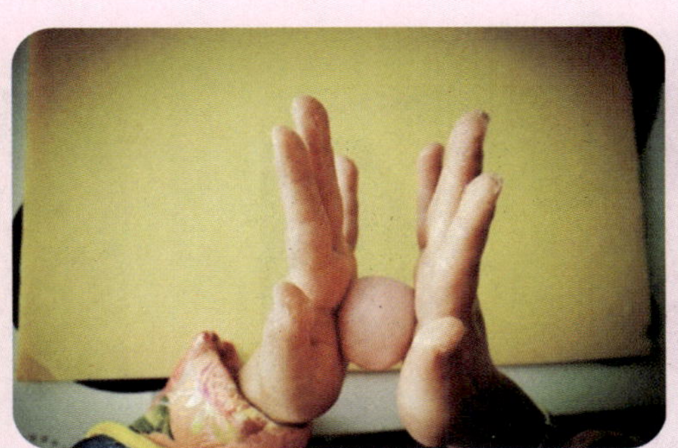

团 球

按 压

步骤二：取一块花生米大小的红色面团，搓成圆柱，粘到粉色面团上，并用牙签扎出鼻孔，做猪八戒的鼻子。

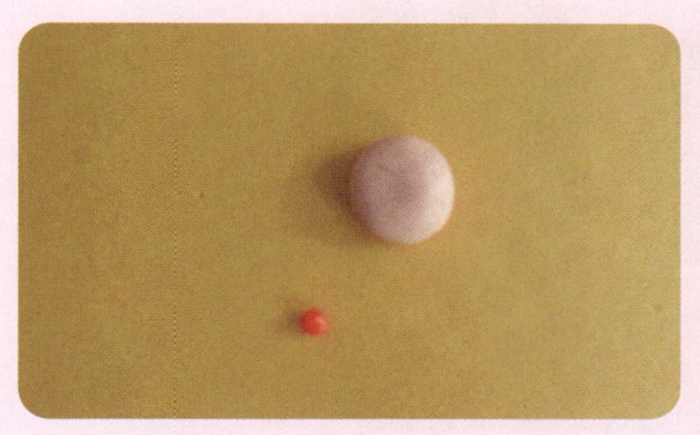

面　团

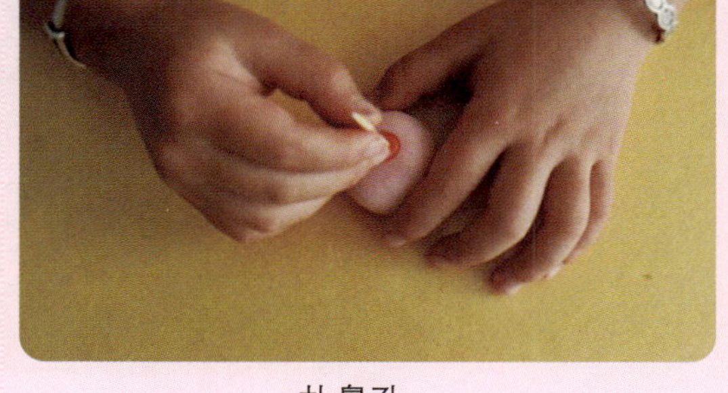

扎鼻孔

步骤三：取一厘米见方的粉色面团，分成相等两份，搓成水滴形，捏扁，做猪八戒的耳朵。

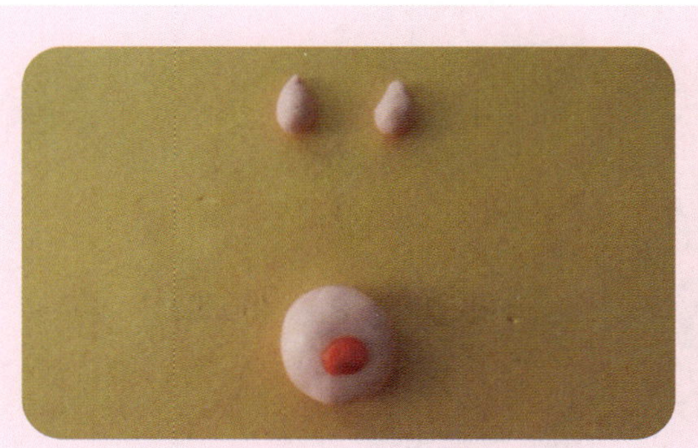

搓水滴形

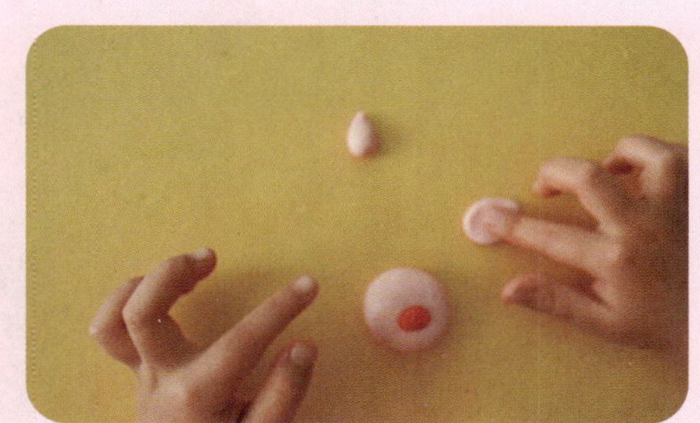

按压耳朵

步骤四：取绿豆粒大小的黑色面团分成相等的两份团成球，做猪八戒的眼睛。

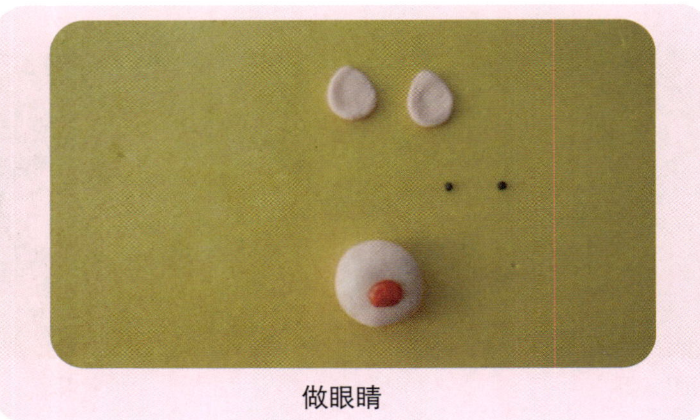

做眼睛

步骤五：将做好的鼻子、耳朵、眼睛组合到头部，用耳槽的宽头压出嘴巴。

组合头部

猪八戒身体制作步骤与方法

步骤一：取鸡蛋大小的粉色面团，搓成胖水滴形，做猪八戒的身体。

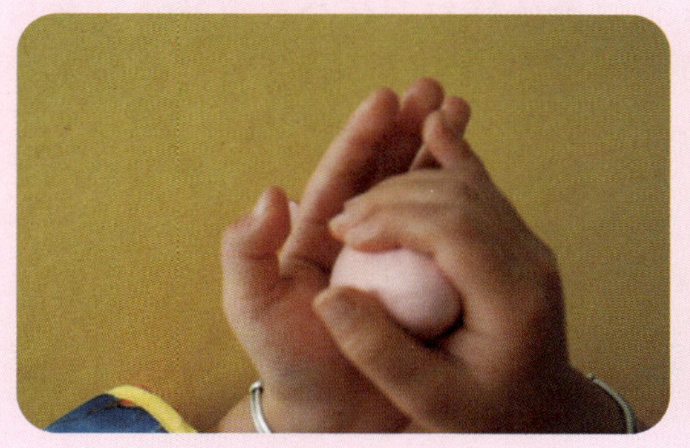

搓胖水滴形

身　体

步骤二：用塑料刻刀在胖水滴形的中部（大圆头在下）刻画出猪八戒的胸部。

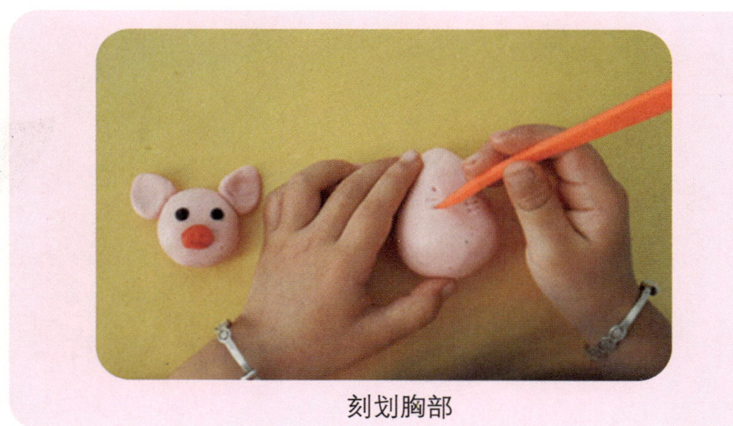

刻划胸部

头、身组合

步骤三：将竹签从做好的猪八戒身体底部穿进，将头固定在身体的上部，头、身组合完成。

猪八戒服饰制作步骤与方法

步骤一：取3厘米长、2厘米宽的黑色面团搓成长条，用手将长条捏成元宝形，做猪八戒的帽子。

元宝形帽子

步骤二：取黄豆大的黄色面团，搓成长条，固定到帽子和头部的交界处，做帽饰。

黄色面团

搓　条

做帽饰

粘贴帽子

步骤三：取黑色面团，搓成粗长条，用刻刀切开粗长条的一端，做成两条裤腿，没有切开的一端用手从中间捏薄，成碗状。

粗长条　　切　开

步骤四：将碗状的一端固定在身体上，进行捏合，把裤子整理造型。

组合裤子

步骤五：取拇指大小的黄色面团，搓成长条，压扁，围到裤子上，做腰带，并用塑料刻刀刻划出条纹。

搓裤带

围裤带

步骤六：取小指尖大小的灰色面团，分成两份，搓成水滴形，做鞋子。

鞋子材料

步骤七：将鞋子组合到裤子下方，并捏合固定。

组合鞋子

步骤八：取10厘米长、2厘米宽的蓝色面团，搓成圆柱，压扁、压薄，围到猪八戒的身体上，做外衣。

穿衣服

步骤九：取两块2厘米见方的蓝色面团，搓成长水滴形，在圆头部分用手指向里按压，并把边缘捏薄，捏出宽宽的袖筒，将水滴形的尖头部位跟衣服连接，整件外衣完成。

袖子材料

捏袖筒

装袖子

步骤十：取两块小指尖大小的粉色面团，搓成长水滴形，在圆头处用刻刀切割4次，分出手指，把水滴形的尖头部放到袖筒里，进行黏结，手臂完成。

粉水滴形

刻划手指

组合

步骤十一：取大拇指大小的红色面团，搓一个胖水滴形，捏扁，捏成下宽上尖的等腰三角形，做西瓜瓤。

捏三角形

步骤十二：取绿色和白色面团，搓成长条，跟西瓜瓤的底部同样形状压扁，做西瓜的皮，将西瓜瓤和皮进行组合。

组合西瓜

步骤十三：取黄豆大的黑色面团，分成若干份，搓成水滴形，做西瓜子，并黏结到西瓜上，进行装饰。

成品《猪八戒吃西瓜》

成品展示

展　示

游　戏

孙悟空

孙悟空是西游记中的主要角色。孙悟空有七十二变，神通广大，是无所不能的，大家最喜欢孙悟空了。

材料与工具

面粉约200克，糯米粉约80克，适量白砂糖和水，食用色素（棕色、橙色、黄色、红色、黑色、白色、蓝色），塑料刻刀、塑料针，竹签，操作板。

工具　　材料

制作彩色面团：在面粉和糯米粉中加入适量水搅匀，将面揉制光滑，放入烤盘静置5小时，上锅蒸半小时后放至温热，加入白砂糖揉匀，再加入橙色、棕色、黄色、红色、黑色、白色、蓝色色素，制成橙色、棕色、黄色、红色、黑色、白色、蓝色的面团。

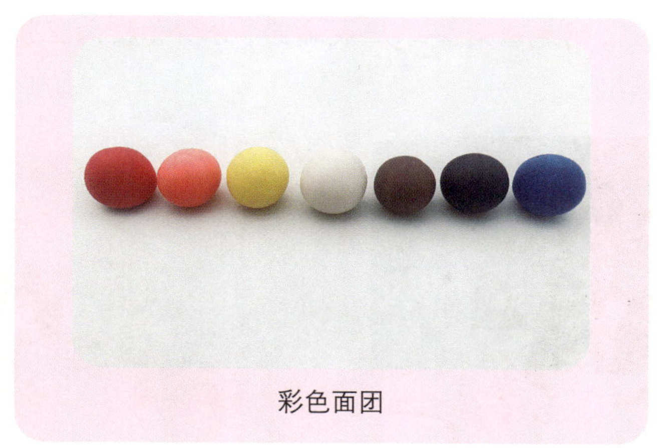

彩色面团

孙悟空头部制作步骤与方法

步骤一：取棕色面团，团成球，做悟空的头。

面　团

团　球

步骤二：取白色面团，团成球后将球压成扁圆，拇指食指向里挤压成花形，将其黏结到头部做孙悟空的脸。

做面部

步骤三：取红色面团，分成两份团成球按扁，取白色面团团成球按扁，另取黑色面团分成两份团成球，将红、白、黑色黏合，做成眼睛。

粘贴眼睛

眼　睛

步骤四：取红色面团，搓成梭状，两头上弯，做成嘴巴。

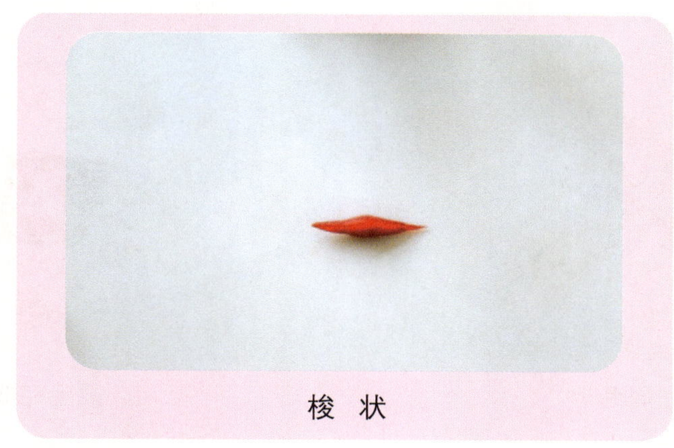

梭 状

步骤五：粘上嘴巴，再取红色面团团成球，粘在头部的两侧做耳朵。

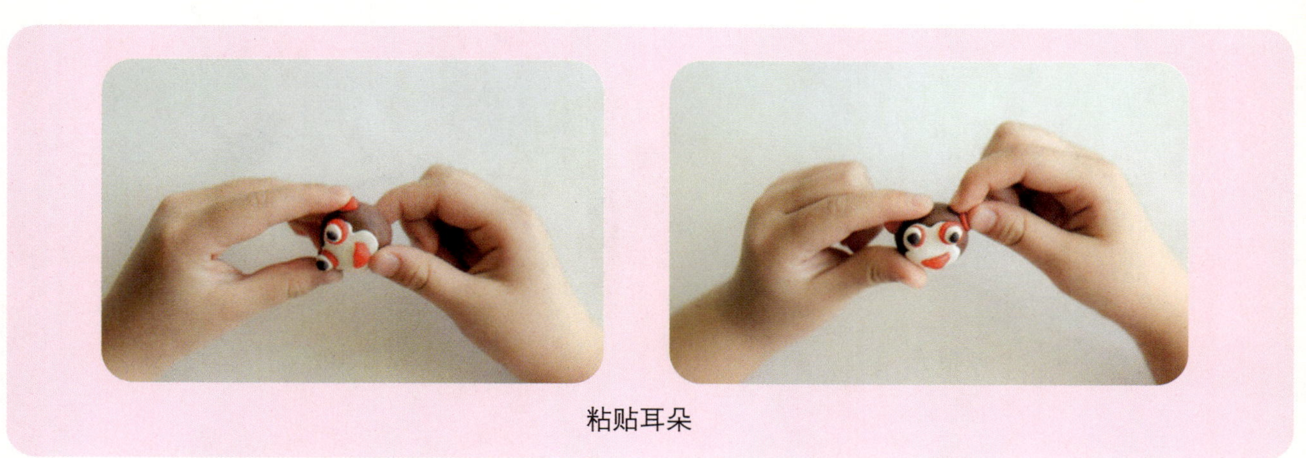

粘贴耳朵

步骤六：取黑色面团，分成两份，搓成长条，放在眼睛上方做眉毛。

粘贴眉毛　　眉毛完成

步骤七：取黄色面团，团成球，压扁、压薄，放到孙悟空头部的后面进行黏合做帽子。

做帽子　　粘贴帽子

步骤八：另取一块黄色面团，搓成长条，绕帽子边缘一周在头顶部位做出紧箍咒的形状，孙悟空的头部完成。

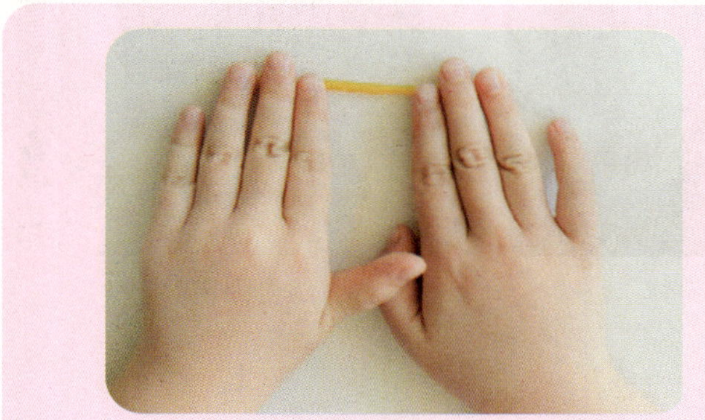

搓　条

围紧箍咒

孙悟空身体制作步骤与方法

步骤一：取黄色面团，搓成长水滴形，做悟空的身体。

搓长水滴形

步骤二：取竹签从身体底部穿过与头部黏结。

穿竹签

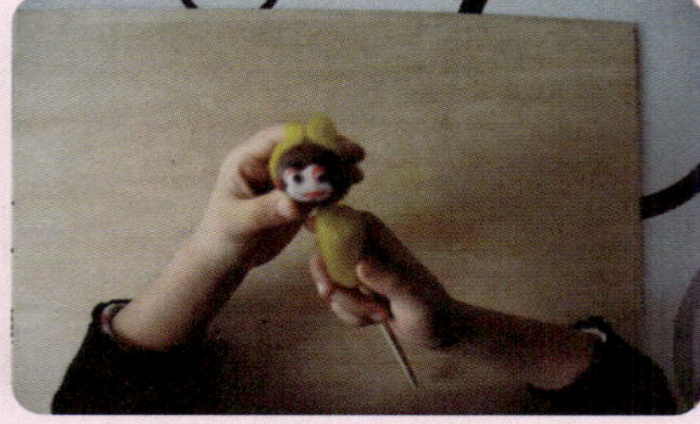

黏结头部与身体

组合固定

步骤三：取橙色面团搓成长条，压扁做成围巾备用。

搓橙色长条

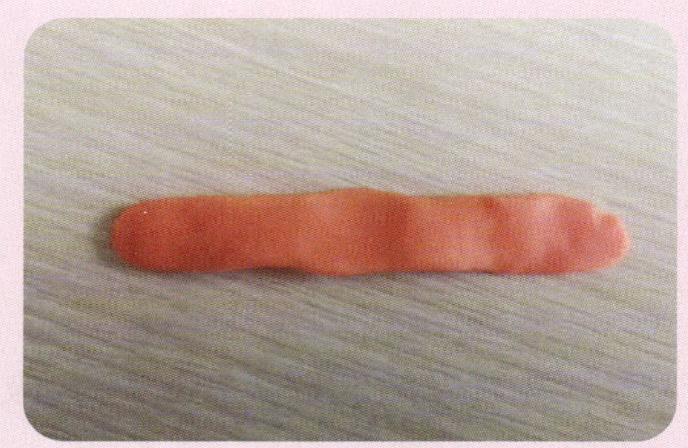

压　扁

步骤四：取黄色面团，分成相等两份，搓成长条，做胳膊备用。

做胳膊

步骤五：将胳膊与身体组合，围巾绕到脖子上。

组　合

步骤六：另取两块黑色小面团搓成长条，压扁，在袖口处绕一圈，做袖口。

做袖口

步骤七：取白色面团，分成两份，搓成水滴形，放入袖口做手。

水　滴

黏结手部

步骤八：取红色面团，分成两份，搓成长条，做孙悟空的腿。

做　腿

步骤九：取黄色面团，搓成长条，压扁、压薄。再取黑色面团，分成几份，搓成圆形，按在黄色面团上作装饰。把装饰好的黄色面团绕孙悟空身体一周做裙饰。

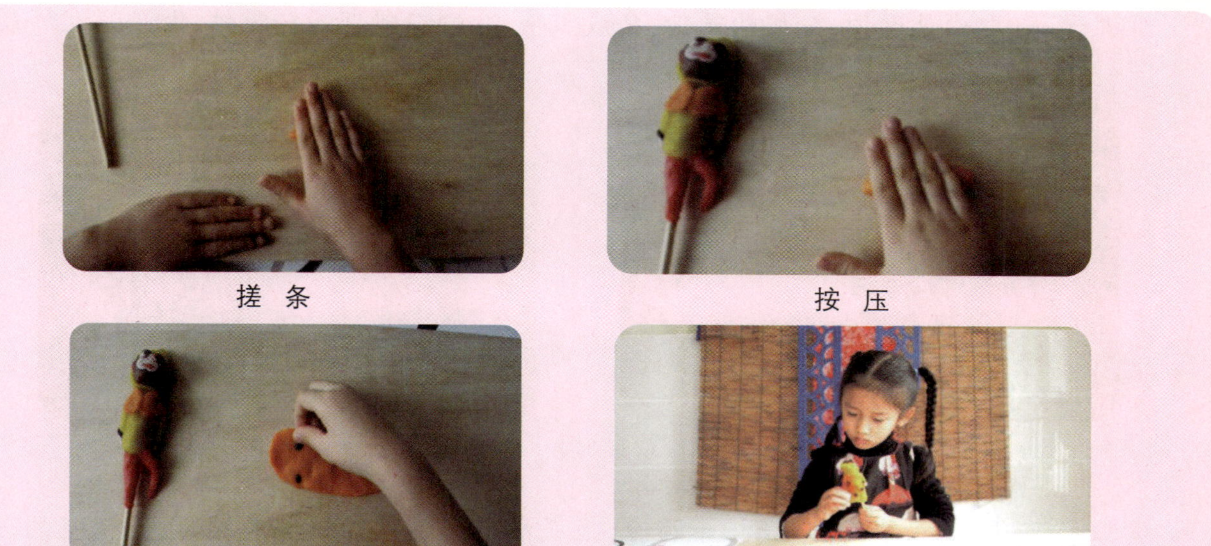

搓　条　　按　压

装饰围裙　　整　形

步骤十：做飘带和裙带。取蓝色面团，搓成长条，分别在颈部和腰间绕一周进行黏结、固定，做裙带。

搓　条　　黏结飘带和裙带

步骤十一：取白色面团，分成两等份，搓成长条，分别在腿部缠绕黏结，做孙悟空的裹腿。

扁长条　　　　裹　腿

步骤十二：取黑色面团，分成相等两份，搓成水滴形黏结在腿部底端，做孙悟空的鞋子。孙悟空的身体部位完成。

粘贴鞋子

金箍棒制作步骤与方法

取白色面团，搓成长条，做金箍棒。取黄色面团，分成相等两份，搓成长条，分别固定在金箍棒的两端，孙悟空的金箍棒完成。

缠　绕

整　形

组　合

成品《孙悟空》

补充说明：小朋友们熟悉且特别喜爱孙悟空调皮的形象，用到的面塑技法也相对丰富，虽复杂但也是大班小朋友力所能及的。小朋友们也可以捏出孙悟空的各种不同的动作造型，另外，还可以塑造《西游记》里的其他角色，大胆试一试吧！

小蝌蚪找妈妈

童话故事是小朋友最喜欢听的故事。大班小朋友会创编故事，也喜欢表演故事，如果将童话故事用面塑的形式表现出来，那会是一件很有意思的事吧！小朋友肯定愿意尝试一下。

材料与工具

面粉约200克，糯米粉80克，白砂糖和水适量，食用色素（绿色、白色、黑色、红色），操作板，塑料刻刀。

材 料

制作彩色面团：在面粉和糯米粉中加入适量水搅匀，将面揉制光滑，放入烤盘静置5小时，上锅蒸半小时后放至温热，加入白砂糖揉匀，再分别加入适量绿色、白色、黑色、红色色素，制成绿色、白色、黑色、红色的面团。

彩色面团

小蝌蚪制作步骤与方法

步骤一:取黑色面团，分成若干份，搓成胖水滴形，用手指将面团的尖部捏细长，小蝌蚪的身体完成。

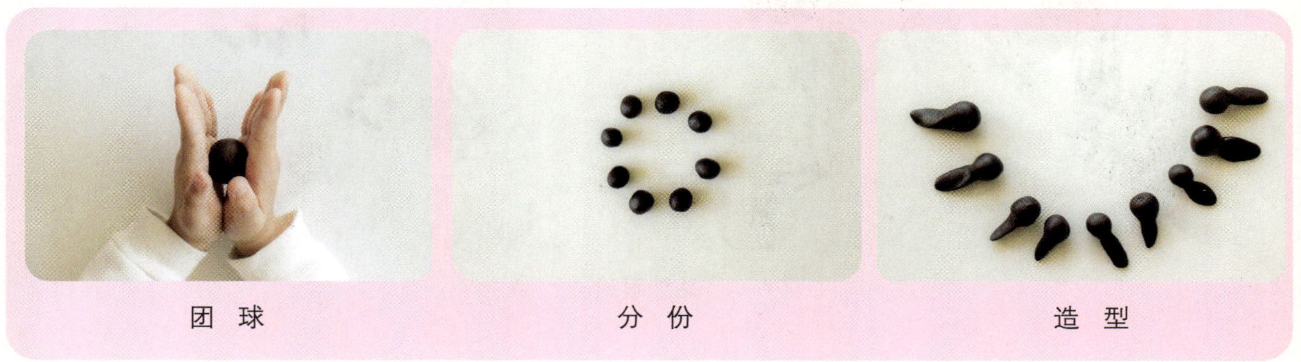

团　球　　分　份　　造　型

步骤二:取白色面团分成若干份,团成球,压扁,做小蝌蚪的眼睛。

面　团　　　搓　条　　　分　份

步骤三:将小蝌蚪的眼睛黏结在小蝌蚪的头部,用刻刀在小蝌蚪的眼睛下方划出嘴巴,小蝌蚪完成。

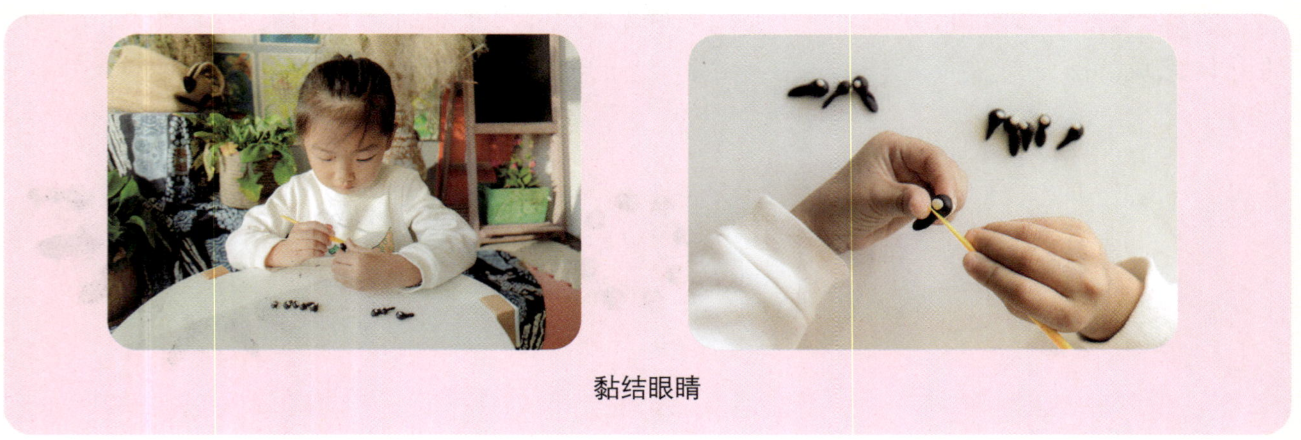

黏结眼睛

荷叶制作步骤与方法

步骤一:取绿色面团3～5份，团成球，用手掌按压后，再用手将按压过的面团边缘捏薄做荷叶。

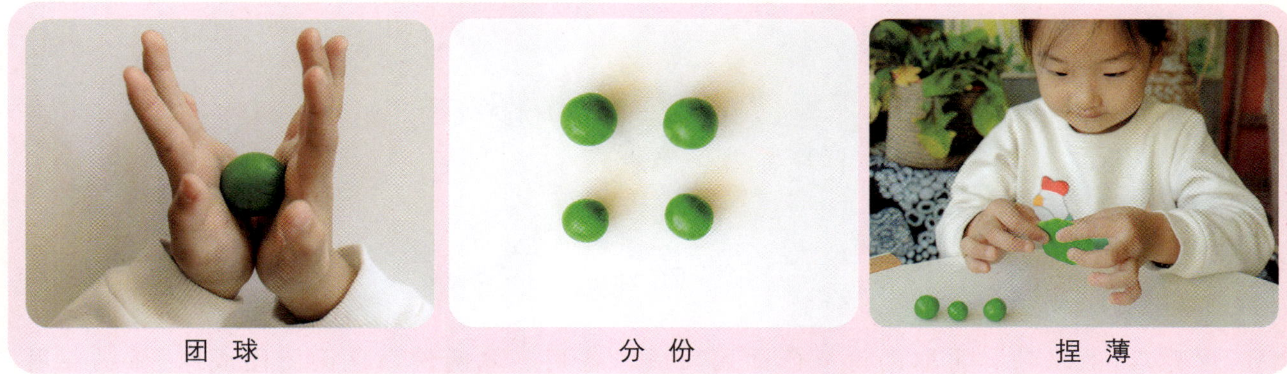

团　球　　分　份　　捏　薄

步骤二:用刻刀在荷叶上刻划出叶脉，也可以取其中一片荷叶将叶子向里卷做出造型，荷叶完成。

刻划叶脉　　造　型

青蛙头部制作步骤与方法

步骤一:取绿色面团团成球备用,做青蛙的头部。

团 球

步骤二:做眼睛。再取两份绿色面团团成球备用。取两份白色面团团成球、压扁备用。取两份黑色面团,团成球,压扁,备用。

分 份　　按 压

步骤三：将按压好的黑面团放在白色面团上，再将其放在绿色面团上拼接好，青蛙的眼睛完成。

组合眼睛

步骤四：将眼睛黏结在青蛙的头部。

头部完成

步骤五：取白色面团，团圆成球，压扁，黏结在青蛙的脸部两侧。

材 料　　黏 结

步骤六：取红色面团，搓成梭状，压扁后拼接在青蛙头部下方做嘴巴。青蛙头部完成。

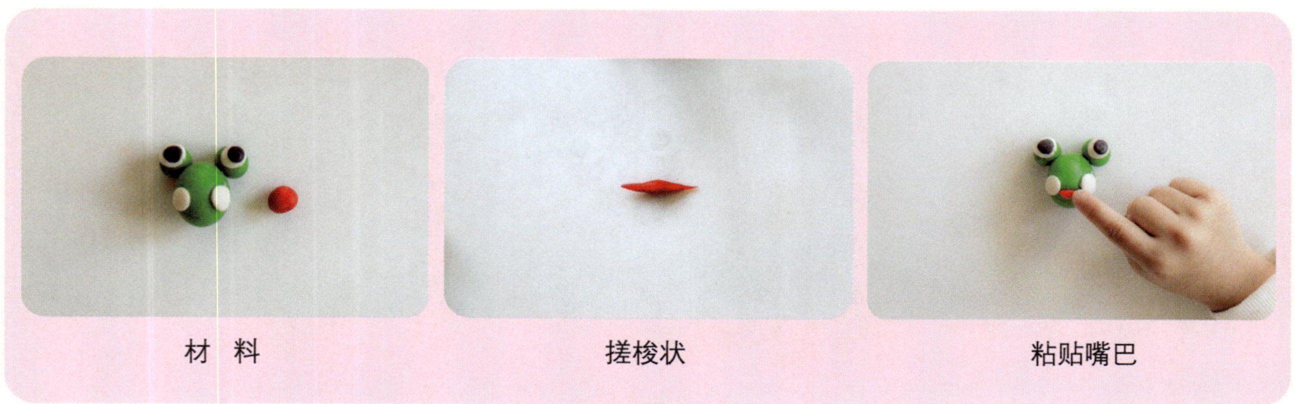

材 料　　搓梭状　　粘贴嘴巴

青蛙身体制作步骤与方法

步骤一：取绿色面团，搓成胖水滴形，做青蛙的身体，将青蛙的头部与身体连接。

搓胖水滴形

组　合

步骤二：取四份绿色面团，搓成长水滴形，做青蛙的四条腿，将四条腿拼接在青蛙的身体上，将腿部做好造型，并将底部用手指按扁做青蛙的脚。

搓长水滴形

黏结腿部

步骤三：取白色面团，搓成水滴形，按压扁，黏结在青蛙肚子上，做青蛙的白肚皮。

面　团

黏结肚皮

步骤四：取红色面团，搓成纺锤体，压扁，围在青蛙的脖子上做围巾。

面　团

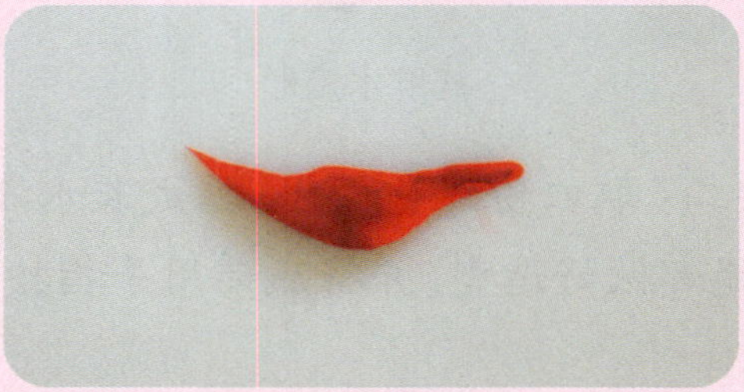

搓纺锤体

固定围巾

造　型

场景布置

小朋友自己再尝试把小鸭子、小白鹅、小乌龟制作出来，然后取几块大小不一的石头，将青蛙放在石头上，小蝌蚪摆在荷叶周围，小鸭子放在荷叶上，白鹅放在小块石头上，乌龟放在蝌蚪的一边。

成品《小蝌蚪找妈妈》

游戏活动

小朋友们可以玩桌面表演游戏《小蝌蚪找妈妈》了。

玩游戏

刮骨疗毒

古代的人物，也可以作为面塑的内容。通过面塑把这些人物、故事呈现出来，而且古代的人物形象捏制起来对小朋友更有创造性和挑战性，是一件特别有意思的事情。我们现在来捏制一个古代神医华佗与关羽的“刮骨疗毒”的作品。

面粉约200克，糯米粉80克，白砂糖和水适量，食用色素（绿色、黑色、白色、棕色、黄色、红色、粉色），塑料刻刀、压勺。

材 料

制作彩色面团：在面粉和糯米粉中加入适量水搅匀，将面揉制光滑，放入烤盘静置5小时，上锅蒸半小时后放至温热，加入白砂糖揉匀，再分别加入适量绿色、黑色、白色、棕色、黄色、红色、粉色色素，制成绿色、黑色、白色、棕色、黄色、红色、粉色的面团。

工具　彩色面团

关羽头部制作步骤与方法

步骤一：取粉色面团，分成大小不同的6份。

团　球

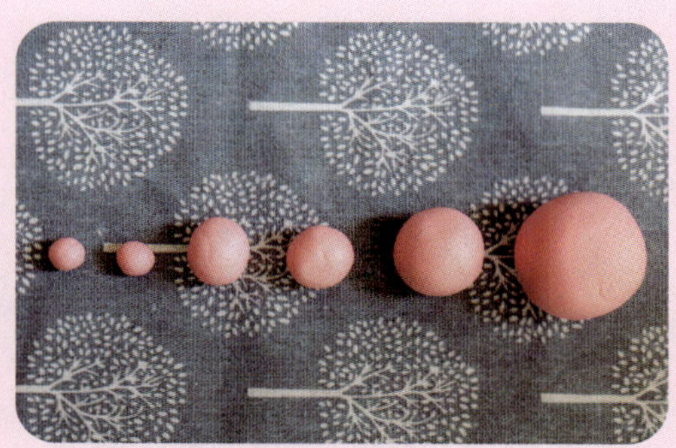

分　份

步骤二：取其中一份较大面团团成球做头部。

团　球

头

步骤三：取3份小粉面团，搓成胖水滴形，2份粉色面团的一侧捏扁做耳朵，1份捏成细水滴形做鼻子。

3份面团

耳朵与鼻子

步骤四：取黑色面团，搓成长条，分成长短不同的5份，做眉毛和胡须备用。

团　球

搓　条

分　份

步骤五：取白色面团和黑色面团，将其团成球，压扁，再进行重叠，注意白色放在底下，中间放黑色，最上面再放白色，眼睛完成。

团　球

组　合

眼　睛

步骤六：将做好的五官和胡须、眉毛进行粘贴，脸部完成。

粘贴鼻子

粘贴眉毛

粘贴胡须

步骤七：取绿色面团，搓成胖水滴形，在胖头处用手指向里按压，做帽身。

胖水滴形

按　压

造　型

步骤八：取绿色面团，分为两份搓成长条，压扁，将长条的一端在帽子的尖头部连接，做帽子飘带，将帽子与脸部组合，头部完成。

搓　条

按　压

粘 贴

组 合

关羽具体制作步骤与方法

步骤一：取最大粉色面团，搓成胖水滴形做身体，备用。

搓胖水滴形

步骤二：取两份粉色面团，搓成长水滴形做胳膊，备用。

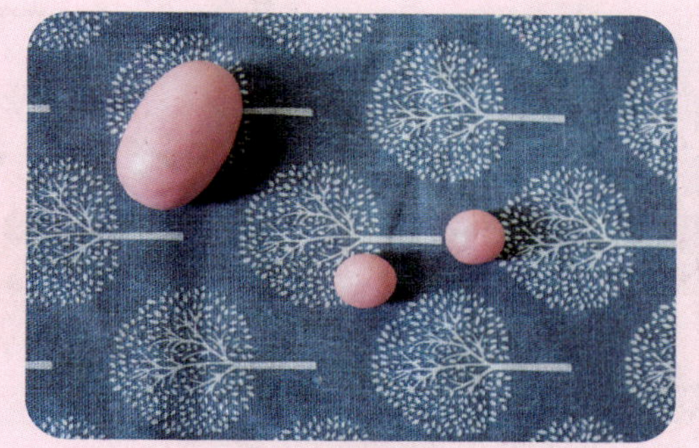

2份面团

搓长水滴形

步骤三：取两份小粉色面团，搓成胖水滴形，将胖头处压扁，用刻刀刻划出手指，备用。

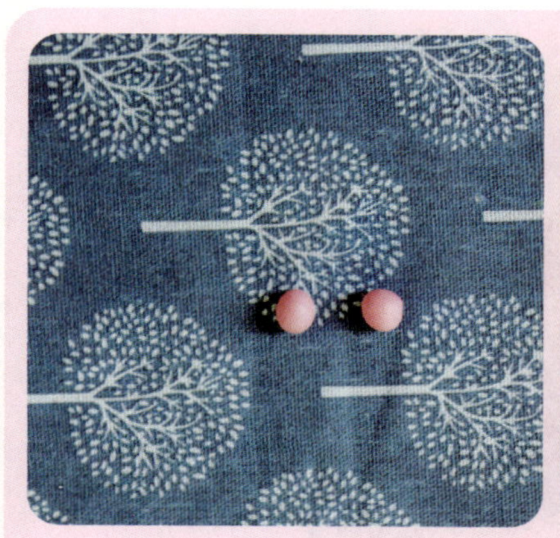

面　团

胖水滴形

刻划手指

步骤四：将手、胳膊、身体及头部连接，整体完成。

黏 结

黏结手臂

造 型

关羽服饰制作步骤与方法

步骤一：取绿色面团，搓成粗长条，压扁，做衣服。

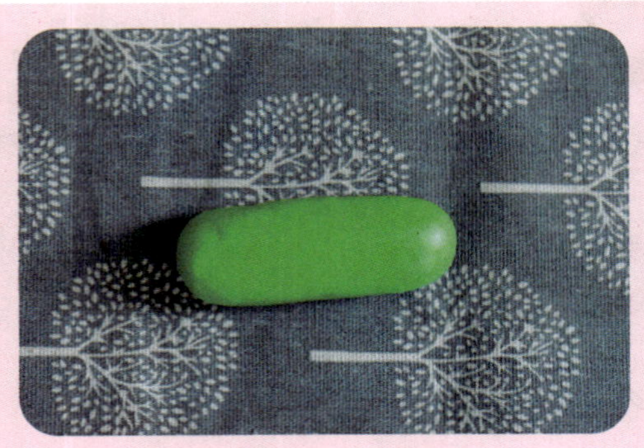
搓粗长条

按 压

步骤二:将衣服围好,右臂露在外面。取黑色面团,搓成长条,围绕在身体中间部位做腰带,取黄色面团压扁做腰带装饰。完成上身。

黏结衣服

粘贴腰带

步骤三:取绿色面团,搓成胖水滴形,用刻刀从胖水滴形的胖头中间部位切开做腿,与身体黏结,人物完成。

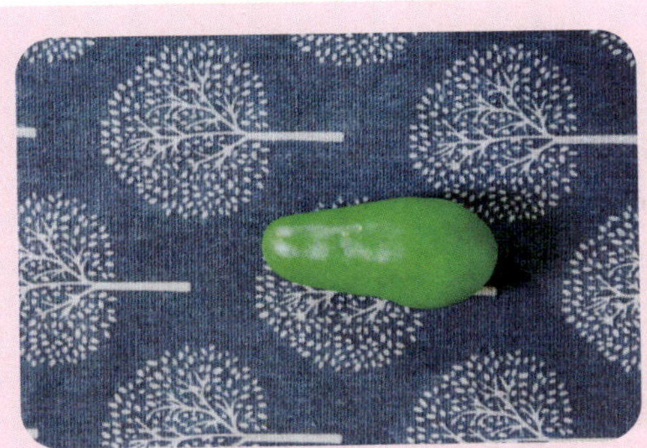
搓胖水滴形

切　割

黏结腿部

造　型

饰品制作（茶、棋桌）

步骤一：取棕色面团，搓成粗短圆柱体，做凳子，将人物放在凳子上，坐好。

搓粗短圆柱

固定座位

步骤二：取棕色面团，搓成长条，压扁呈长布带形，从两头向里卷，修整成长条桌的形状，放在人物的面前。

搓粗长条

桌子塑型

步骤三：取白色面团，团成球，按扁，用刻刀切出正方形，用笔画出棋盘。

放置棋盘

调整位置

步骤四：取两份黑色面团，团成球，用压勺向下按压，呈凹状，做棋盒。取白色面团和黑色面团，搓成长条，分成若干份，将分好的面团，团成球，按压成扁圆形，做棋子。

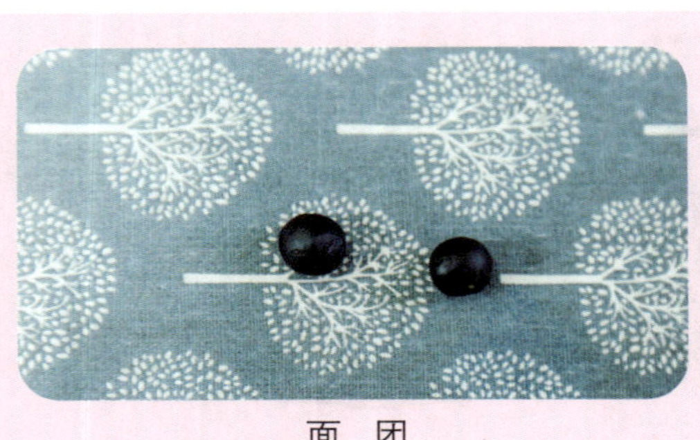

面　团

按压凹槽

棋　盘

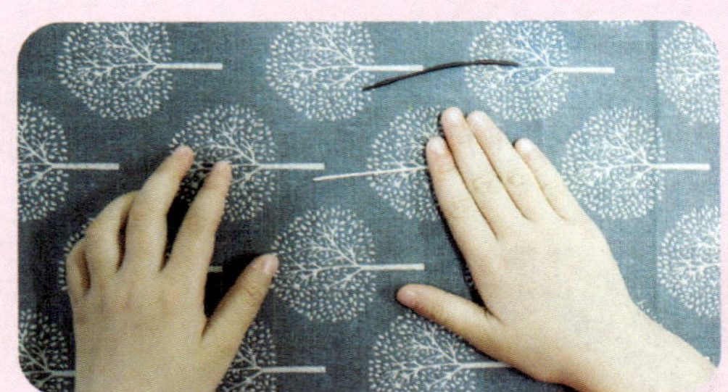

搓　条

放棋子

步骤五：取棕色面团，团成球，用大拇指向里按压，再用手指捏出盆的形状。取红色面团团成球、压扁，覆盖在盆的底部，用刻刀将其刻划出水纹。取红色面团，团成球、压扁，把它覆盖在右手臂上做伤口。

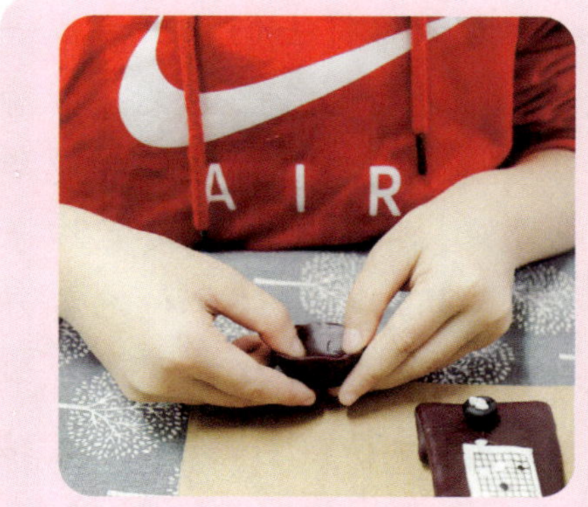

捏　盆

刻划水纹

整　理

以类似的步骤和方法来捏制医生华佗。

作品《刮骨疗毒》

附故事内容：

刮骨疗毒

据《三国演义》的故事情节，关羽攻打樊城时，被毒箭射中右臂。将士们取出箭头一看，毒已渗入骨头，劝关羽回荆州治疗。关羽决心攻下樊城，不肯退后。将士们见关羽箭伤逐渐加重，便派人四处打听名医。一天，有人从江上划着小船来到寨前，自报姓名是华佗，特地来给关羽治伤。关羽问华佗怎样治，华佗说："治疗比较疼，我怕你害怕，要用绳子捆紧胳膊，再盖住你的眼睛，给你治疗。"关羽笑着说："不用捆。"然后吩咐给华佗准备好吃的。关羽喝了几杯酒就与人下棋，同时把右臂伸给华佗，说："随你治吧，我不害怕。"华佗切开皮肉，为关羽治疗。关羽一边喝酒，一边下棋。过了一会儿，治疗结束，关羽笑着站起来对众将说："我的胳膊伸弯自如，好像从前一样。华佗先生，你真是神医呀！"华佗说："我行医以来，从来没见过像你这样了不起的人，将军真是神人啊！"

补充说明：小朋友可以将自己喜欢的故事、景物或者自己创编的故事用面塑塑造出来，这是一种非常独特有趣的表达形式，小朋友试试吧！

第3部分　面塑欣赏

面塑艺人根据所需随手取材，在手中几经捏、搓、揉、掀，用小竹刀灵巧地点、切、刻、划，顷刻之间，栩栩如生的艺术形象便脱手而成。现在让我们到面塑的七彩世界欣赏更加精美的作品吧！

一、盘饰面塑

盘饰面塑就是制作一些简单的花卉、动物、植物、人物等在餐盘边上进行装饰，要选择对菜品没有污染的、卫生的材料进行制作。

《荷花》　《金鱼》　《鹅》

二、船点面塑

船点面塑起源于苏杭一带，点心色彩丰富，内容多为瓜果、蔬菜等。它的制作非常讲究，面团大多使用澄面加油和开水烫成半熟后均匀上色包馅，成形的模样可以假乱真，能为宴会增加不少气氛，展现厨师高超的技艺。

《牡丹》

《果蔬》

《翠竹》

《牡丹》

三、面馍和创意面食

面馍起源于西北农村，是一种传统民俗工艺。面馍做成一定的模样蒸熟后，再用食用色素描绘出各种吉祥图案。现在更多的会直接用食用色素做出各种颜色的面塑，最健康的是用蔬果榨汁来做染料，既好看又好吃，是在传统面塑基础上的新创意，是健康环保的创意面食。

《老虎面馍》

《花馍》

这些花馍造型多样，你也可以给它们起上各种好听的名字，来表达美好的心愿。

四、棒上面塑

棒上面塑历史悠久，主要是艺人在街头现做现卖，制作内容大多是小朋友们喜爱的动物、动画人物、卡通形象等，也就是我们说的捏面人。作品完成后固定在竹签、铁丝环和纸板上，面人形态逼真可爱，深受人们喜爱。你瞧，这个就是小朋友做的，有着鲜明特征、色彩鲜艳、造型可爱的猪八戒！

猪八戒

五、收藏面塑

收藏面塑与众不同，它的制作难度大、要求高、耐久存。作品要求制作精细、题材丰富，每个细节刻画逼真，形象栩栩如生，可供欣赏和收藏。

《飞天》

《年年有余》

六、微雕面塑

微雕面塑技法细腻、精湛，制作技艺要求非常高。这里的金鱼体形虽小，形象却同样生动、逼真。

《绽放》

《鱼戏》

《追蝶》

七、肖像面塑

肖像面塑的形式主要有“现场塑像”和“照片定做”两种。现场塑像的特点是快、准，而照片定做则需要把平面的照片做出立体的效果，作品较为精细逼真。肖像面塑比较受现代人的喜爱，是近些年发展起来的新品种。让我们一起为家人、朋友和自己做一个肖像面塑吧！

人物肖像

动漫肖像

面塑不仅是玩赏作品,还具有很强的社会教育功能。面塑艺术以其形象讲述了一个个动人的故事,人们可以通过面塑的孙悟空、猪八戒、白娘子、穆桂英、水浒英雄等形象给小朋友讲述相关的故事,让小朋友了解中国文化。

好了,小朋友们,欣赏了这么多面塑作品,你是不是也跃跃欲试呢?我们期待看到小朋友们更多有趣的作品,当然也希望看到家长、老师们的精美作品哦!